聚焦重要概念的生物学单元教学研究丛书
丛书主编 周初霞

聚焦重要概念的生物学单元教学课例研究

生物与环境

周初霞 袁从容 王慧欢 陈彩桂 钱 郁 著

浙江科学技术出版社

版权所有　侵权必究

图书在版编目（CIP）数据

聚焦重要概念的生物学单元教学课例研究．生物与环境／周初霞等著．—杭州：浙江科学技术出版社，2022.8

（聚焦重要概念的生物学单元教学研究丛书）

ISBN 978-7-5341-9996-7

Ⅰ．①聚… Ⅱ．①周… Ⅲ．①生物课—教学研究—高中 Ⅳ．① G633.912

中国版本图书馆 CIP 数据核字（2022）第 094234 号

丛 书 名	聚焦重要概念的生物学单元教学研究丛书
本册书名	聚焦重要概念的生物学单元教学课例研究　生物与环境
丛书主编	周初霞
著　　者	周初霞　袁从容　王慧欢　陈彩桂　钱　郁
出版发行	浙江科学技术出版社 杭州市体育场路 347 号　邮政编码：310006 办公室电话：0571-85176593 销售部电话：0571-85176040 网　　址：www.zkpress.com E-mail：zkpress@zkpress.com
排　　版	杭州大漠照排印刷有限公司
印　　刷	杭州高腾印务有限公司
开　　本	787 mm×1092 mm　1/16　　印　张　7.5
字　　数	180 000
版　　次	2022 年 8 月第 1 版　　印　次　2022 年 8 月第 1 次印刷
书　　号	ISBN 978-7-5341-9996-7　定　价　58.80 元

责任编辑　陈潇潇　曹梦洁　　责任美编　金　晖
责任校对　张　宁　　　　　　　责任印务　崔文红

丛书总序

基础教育改革已经进入内涵发展的新时代。本次课程改革系统而全面地建构了核心素养的教育理念，从学生发展素养，到体现各学科特点的学科核心素养，再到根据学科核心素养发展水平和相应内容研制的学业质量标准，可以说从学理上完成了对核心素养这一理念的建构。现如今，怎样基于核心素养的发展要求实现课堂教学的根本转型，已成为每位基础教育工作者需要回答的命题。

"创新"是浙江精神的关键词，浙江省的课程改革一直走在全国的前列。浙江省教育厅教研室的教研员们更是以智慧和勇气矢志改革、锐意探索，掀开了浙江省基础教育崭新的一页。浙江省高中生物学学科教研员、特级教师周初霞老师就是一个很好的典范。她所领衔的团队针对一线教师普遍关注而又感到困惑的关键问题，如什么是大概念，为什么要聚焦大概念，如何开展基于大概念的单元整体教学，从理论和实践层面进行了大胆探索，并组织编著了"聚焦重要概念的生物学单元教学研究丛书"。

本丛书不仅反映了他们在课堂改革的道路上所做的种种努力与探索，记录了他们在课程改革中坚持不懈的心路历程，更为学科育人找到了一个正确的打开方式。细细读来，多有启示。

一是着眼素养为本的课程理念，诠释并演绎了教学范式。核心素养是育人目标，学科核心素养则是学科育人目标的具体化。学科核心素养的本质是学科思维，经验化和结构化的"大概念"或"大观念"是理解的锚点，是学科思维的支撑点。据此，周初霞老师的团队聚焦生物学重要概念探索单元整体教学，开展了"教学设计""课例研究"和"范式研究"三个系列的研究，并将研究成果以丛书的形式呈现给读者。其中"教学设计"系列，从重要概念的视角重构了教科书中的单元学习主题，探索了核心素养导向的单元整体教学设计框架。本系列是研究的雏形。"课例研究"系列，从聚焦重要概念的视角进行了单元教学的课堂实践。结合具体课例，研究单元重要概念的解构、学习目标的制订、学习情境的创设、学习活动的设计、学习评价的实施等操作指南。本系列是理论走向实践的行动改进。"范式研究"系列，提炼了"境脉架构模式""五构概念教学法"等聚焦重要概念的单元整体教学范式。本系列是研究的理论发展。

二是立足学科育人的基本内涵，探索并创新了思维课堂。核心素养的发展要以学习方式的转变为关键，而学习方式的改变核心是思维方式的改变。中国工程院院士钱旭红认为:"能力增长不仅仅靠知识,而更靠运行知识的逻辑——思维是否足够自由多样。单靠知识改变不了命运,改变命运需要用思维架构起知识,从而支撑起有高度和强度的人生大厦。思维晋级是最好的学习和成长。"因此,周初霞老师的团队立足学科思维的课堂转型,努力指向学习方式转变,基于"情境—问题—任务—活动—评价"的学习主线,引导学生从被动学习走向主动学习。在研究方法上,他们注重实证性的课例研究,通过观课、录课、评课、磨课、改课,努力提升课堂的教学效益。在研讨与交流中,他们经历了情感的交融、思维的碰撞、观念的转变、理念的提升。

三是借助教育科研的演进机制,丰富并发展了单元整体教学的理论内涵。他们将理论紧密联系实际,在教学中研究,在研究中行动,在行动中反思,在反思中丰富理论。在研究视域上,他们既立足单元整体教学实践,又探索"单元"与"课时"的有效衔接,既具有整体视野又微观深入。他们注重局部的深度研究,通过"目标与评价""情境与问题""活动与评价"等视角,探索将生物学学科核心素养落实在课堂教学中的理论范式。经过近六年的研究与实践,他们提出"创设单元境脉,统领课时学习""应用'五构概念'教学法,确保课时聚焦单元"等衔接路径,帮助学生形成"整体感知—部分剖析—整体反思"的思维方式,改善传统课时教学中存在的学习碎片化和浅表化的现象,注重学科整体组织化、结构化知识的建构,从浅层学习走向深度学习。同时,他们的研究还破解了从概念教学到观念培育的瓶颈。在理论层面,厘清了生命观念的内涵、外延及形成的路径。在实践层面,建构了行为导向的生命观念培育模式,为教师培育生命观念提供了支架。基于此,他们总结形成了高中生物学"一脉三维五构"单元整体教学理论体系,丰富了整体教学理论内涵。

综观本丛书,理论、实践、案例相互交织,有机融合,层次分明。世界是整体的,万物在一个整体的世界中有序地生长。本丛书契合了整体发展的世界观。周初霞老师及其团队的单元整体教学研究成果,已在浙江省高中生物学教学实践中全面铺开,并向全国推广。我们期待着他们能坚守教育初心,不懈努力,取得更加丰硕的、能把发展核心素养这一蓝图变为现实的成果。

是为序。

浙江省教育厅教研室主任
教育部基础教育教学指导委员会委员　任学宝
浙江省特级教师协会副会长兼秘书长
2021 年 4 月于杭州

前 言

新课程改革，课堂转型是关键。指向学科核心素养的课堂教学如何转型？如何使学科核心素养在课堂教学中真正落地？这是广大教师最为关心的问题，也是新课程改革最为艰巨的关键问题。

落实核心素养需要从"课时"教学转向"单元整体"教学，因为单元整体教学以落实生物学重要概念所承载的学科核心素养为导向。单元整体教学有利于培育学生的学科核心素养，契合了学科核心素养的形成不是一蹴而就的，需要一个较长的过程才能形成这一特点；有助于教师突破"只见树木不见森林"的课时思维，转变教师只注重零散知识点落实的传统课堂教学理念，帮助教师从"长时段"整体筹划学科教学，注重学科整体组织化、结构化知识的建构，从而实现从"教师的教"转变成"学生的学"，从学习"知识"转向发展"素养"，从学科"教学"转向学科"教育"。

我们开展了"聚焦生物学重要概念的单元整体教学研究与实践"。在研究过程中，我们深刻体会到宏观的课程理念只有与微观的真实课堂结合起来才有丰富的生命活力，否则"课程标准""核心素养"只会是"空中楼阁"。因此，我们对教学中的"真实问题—对策—行动—反思"开展了课例研究。

我们从独立的课时备课走向集体的整体备课。整体备课从以下"四个层面"开展：一是课程（课程标准）层面，分析生物学学科观点、核心素养以及模块间的逻辑关系；二是模块层面，分析模块教学内容，列出模块体现的学科观点与大概念；三是单元层面，以重要概念为主题，设计单元目标、真实学习情境与核心问题、评价方法等组成的单元课程；四是课时层面，思考本节课的核心问题，围绕次位概念组织教学，为单元重要概念形成做出"贡献"。参与四个层面整体备课的教师认为收获丰厚。例如，课题组成员嘉善高级中学王红梅老师，基于子课题研究，依托名师工作室，开展了区域性、主题化的整体备课，并实施了上课与磨课、反思与调整、再上课与反思等环节的课例实践。参与整体备课的一位年轻教师深有体会地说，这样的一个主题单元教学研究，比他一年的教学工作收获还大。

我们在深入研究《普通高中生物学课程标准（2017年版2020年修订）》（简称"课程标准"）和《普通高中教科书·生物学　选择性必修2　生物与环境》的基础上，重构了四个重要概念为本模块的单元教学主题。本书涉及的重要概念具有学科属性，它是以高中生物学作为研究范畴，以爱利克·埃里克森重要概念界定为基点，结合课程标准，指处于生物学学科中心地位，对生命基本规律、现象、理论等的理解和解释，对一般生物学事实和概念具有高度概括性，相互联结构成生物学学科骨架的概念性知识。

基于这四个重要概念的单元整体教学课例研究，我们从"单元整体""概念教学""核心素养"等视角进行了立体式的探索与实践，建构了聚焦重要概念的单元教学"操作指南"，撰写了本书。首先，我们从整体上对单元目标、教学策略、教学评估进行设计，包括单元教学分析、单元概念解构、单元目标、单元教学思路等内容。然后，我们进行了课时教学实践，并呈现给读者"课时教学实例"。具体栏目解读如下：

"单元教学分析"结合课程标准和教科书等教学资源，深入解读本单元概念教学内容，并厘清其在模块中以及跨模块学习中的地位。同时对学生学习本单元重要概念的"前概念"知识、认知特点和规律等因素进行分析。

"单元概念解构"以本单元重要概念为中心，分析重要概念的上、下位概念和相关的平行概念之间的关系，并建构框架图。这是学生学习本单元的"锚点"。

"单元目标"包括"学习目标"和"评价目标"。"学习目标"聚焦单元重要概念的建构，引导、帮助学生发展科学思维等学科核心素养。目标的表述包含行为主体、行为动词、行为条件、行为标准等要素。"评价目标"指向学科核心素养四个维度的不同水平，评估学生在真实性任务中的不同表现。评价目标与教学目标保持一致性，以落实"教—学—评"的一致。

"单元教学思路"是基于单元整体学习情境和核心任务，设计本单元课时教学的"情境—任务—活动—评价"等规划。这是学生学习本单元的"学习图谱"。

"课时教学实例"主要包括课时概念解析、课堂教学实录（为帮助读者观看与研讨，随书配有视频二维码）及专业点评、教学反思与总体评析等内容。

本书最大的亮点是读者在阅读的同时能观看教学实录，读者可以凭借自己的判断，取其中有理、有用之处，也充分关注其中必然存在的问题，借此反思当下的单元整体教学实践——共性的和个体的、表象的和深层的方面，最终使单元整体教学的"操作支架"得到重新整合，重构单元整体教学的意义，进而改进自己的实践，让自身受益，更让我们的学生受益。

在课例开发过程中，我们得到了多方领导、校长、专家和教师的大力支持，在此深表感谢！

诚然，聚焦重要概念的单元整体教学是一个常研常新的重要课题，我们旨在抛砖引玉，引发广大教师对这一重要课题的深入思考与探索。由于作者水平有限，书中存在疏漏之处在所难免，敬请读者不吝赐教。

周初霞
2022 年 5 月于杭州

目 录

单元 1　不同种群的生物在长期适应环境和彼此相互适应的过程中形成动态的生物群落 ················· 1

一、单元教学分析 ················· 1
二、单元概念解构 ················· 1
三、单元目标 ················· 2
四、单元教学思路 ················· 3
五、课时教学实例 ················· 5
　　课时 1　种群具有一定的特征 ················· 5
　　课时 2　不同条件下种群的增长方式不同 ················· 9
　　课时 3　生态因素影响种群数量波动 ················· 14
　　课时 4　不同种群组成群落，群落具有垂直、水平和时间结构 ················· 19
　　课时 5　地球上分布着不同类型的群落 ················· 24
　　课时 6　群落随时间变化有序地演替 ················· 28

单元 2　生态系统是生物群落与非生物环境相互作用的一个整体 ················· 33

一、单元教学分析 ················· 33
二、单元概念解构 ················· 33
三、单元目标 ················· 35
四、单元教学思路 ················· 35
五、课时教学实例 ················· 37
　　课时 1　群落与非生物环境组成生态系统，食物链和食物网形成生态系统的营养结构 ················· 37

课时 2、3　生态系统中的能量单向递减流动 ………………………………… 44

　　课时 4、5　生态系统中的物质能被循环利用 …………………………………… 50

　　课时 6　生态系统中存在信息传递 ……………………………………………… 56

单元 3　生态系统通过自我调节保持或恢复相对稳定的状态 …………………… 62

一、单元教学分析 ………………………………………………………………… 62

二、单元概念解构 ………………………………………………………………… 62

三、单元目标 ……………………………………………………………………… 63

四、单元教学思路 ………………………………………………………………… 64

五、课时教学实例 ………………………………………………………………… 66

　　课时 1　生态系统通过自我调节维持稳态 …………………………………… 66

　　课时 2　生态系统通过自我调节维持稳态——生态瓶的分享、交流、评价
　　　　　………………………………………………………………………… 71

单元 4　保护环境是人类生存和可持续发展的必要条件 ………………………… 78

一、单元教学分析 ………………………………………………………………… 78

二、单元概念解构 ………………………………………………………………… 78

三、单元目标 ……………………………………………………………………… 79

四、单元教学思路 ………………………………………………………………… 80

五、课时教学实例 ………………………………………………………………… 82

　　课时 1　人口增长会对生态环境造成压力 …………………………………… 82

　　课时 2　人类活动导致全球性环境问题日益突出（1）………………………… 88

　　课时 3　人类活动导致全球性环境问题日益突出（2）………………………… 93

　　课时 4　保护生物多样性对于人类意义重大 ………………………………… 100

　　课时 5　可持续发展是人类生存发展的必然选择 …………………………… 105

主要参考文献 ……………………………………………………………………… 111

单元 1

不同种群的生物在长期适应环境和彼此相互适应的过程中形成动态的生物群落

一、单元教学分析

生命系统均有发展、变化直至达到平衡状态的生命历程，种群和群落是不同层次、不同群体水平的生命系统，两者既有生命系统的共性，又有各自的特性。生态学的思维是整体性思维的典范，研究生命系统时需要分析其组分及各组分间的关系，要体现"整体大于部分之和"的系统思想。"种群数量"是种群最基本的特征，种群密度是反映种群大小的最常用指标，常用样方法和标志重捕法进行调查；出生率和死亡率、迁入率和迁出率、性别比率和年龄结构等种群特征均会影响种群密度；随着时间的推移，不同环境中种群数量呈"J"形或"S"形增长，种群数量会受到内源性因素、外源性因素的制约而在 K 值处波动。群落有时空结构和生物结构，根据群落结构的不同，群落可分为不同类型，如森林、草原、荒漠、苔原；群落结构会随着时间推移、环境变化发生改变，即发生群落演替，当群落与当下的气候和土壤处于平衡状态时，达到顶级群落。

通过初中科学的学习，学生对种群和群落已有一定的认识，能够依据概念初步判断种群、群落，但仅停留在片面的、零散的具体描述中。教师要引导学生从系统的角度来研究种群和群落，认同"不同种群的生物在长期适应环境和彼此相互适应的过程中形成动态的生物群落"观念，形成生命的系统观、适应与进化观、稳态与平衡观。同时，种群特征、群落结构与群落演替等知识的学习离不开相应的调查和探究活动。学生通过方案设计、动手操作、建立模型等活动获得亲身经历和体验，不仅可以发展实验操作技能和科学探究能力，还能初步领悟系统分析、数学模型构建的思想和方法。

二、单元概念解构

本单元聚焦《普通高中生物学课程标准（2017年版2020年修订）》（简称"课程标准"）中的重要概念"不同种群的生物在长期适应环境和彼此相互适应的过程中形成动态的生物群落"。该重要概念与《普通高中教科书·生物学　选择性必修2　生物与环境》（简称"选择性必修2模块"）中另外3个重要概念共同支撑大概念"生态系统中的各种成分相互影响，共同实现系统的物质循环、能量流动和信息传递，生态系统通过自我调节保持相对稳定的状态"的建构。本单元对应"种群具有种群密度、出生率和死亡率、迁入率和迁出率、年龄结构、性别比例等特征""不同条件下种群的增长方式不同，通过建立数学模型表征种群的数量变动""阳光、温度和水等非生物因素以及不同物种之间的相互作用都会影响生物的种群特征""群落具有垂直结构和水平结构等特征，并可随时间而改变""不同群落中的生物具有与该群落环境相适应的形态结构、生理特征和分布特点""一个群落替代另一个群落的演替过程，包括初生演替和次生演替两种类型"6个次位概念，共同聚焦本单元的重要概念，并支持"生态系统通过自我调节作用抵御和消除一定限度的外来干扰，保持或恢复自身结构和功能的相对稳定"等重要概念的学习。这些概念之间的关系如图1-1所示。

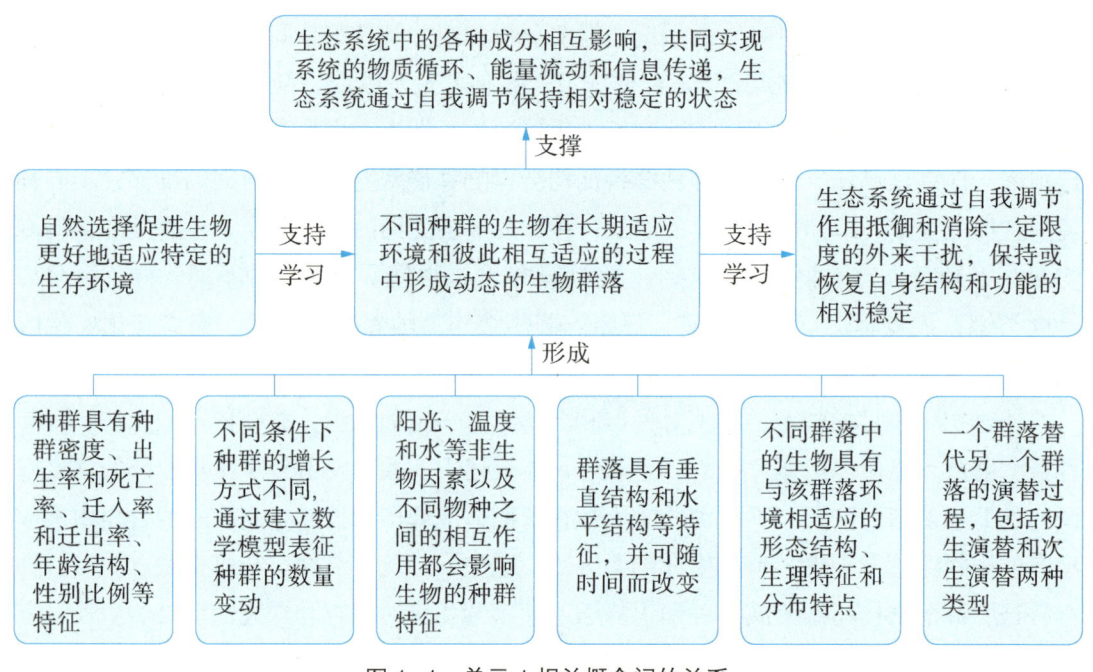

图1-1 单元1相关概念间的关系

三、单元目标

（一）学习目标

1. 通过分析种群的数量特征和变动、群落中物种的生态位关系、群落的时空结构、群落演替及群落的类型等，领悟"不同种群的生物在长期适应环境和彼此相互适应的过程中形成动态的生物群落"的观念，形成群体层次上的稳态与平衡观、进化与适应观。

2. 通过推导种群密度计算公式、构建种群数量增长模型等活动，能运用归纳与概括、演绎与推理等科学思维方法认识事物并解决实际问题，进一步认识模型与建模等科学思维方法。

3. 通过种群数量模拟调查、土壤动物类群丰富度调查等活动，体验样方法、标志重捕法等生态学研究方法，获得亲身经历和体验，发展实验操作技能和科学探究能力。

4. 通过利用所学知识探讨蝗灾的预防与治理、人类活动对种群和群落的影响等社会热点问题，做出理性解释与判断，形成造福人类的态度和价值观。

（二）评价目标

1. 能结合实际情况，小组合作制订种群密度调查、果蝇种群增长的探究、物种丰富度调查等多个活动的计划并实施活动方案，运用多种方法分析数据得出合理的结论。需要具备科学探究的四级水平。

2. 运用稳态与平衡观、进化与适应观分析和解释种群的数量增长方式、数量波动模型、群落的时空结构以及群落演替过程，并应用于相关的生产实践活动中，认同生物适应环境并影响环境的观念，领悟人与自然和谐发展的意义。需要具备生命观念的三级水平、科学思维的四级水平、社会责任的三级水平。

3. 运用归纳与概括、批判性思维等科学思维方法分析群落中不同生物的生态位关系，并从结构与功能观、进化与适应观分析不同群落中的生物具有与该群落环境相适应的形态结构、生理特征和分布特点。需要具备科学思维的三级水平、生命观念的四级水平。

4. 学习种群和群落后，能更好地了解、利用和保护生物资源，以及防治有害生物，同时能为景区规划、农业实践、生态保护等提供理论依据，提升社会责任感。需要具备社会责任的四级水平。

四、单元教学思路

（一）单元情境

蝗灾是我国农业三大自然灾害之一，不仅会严重影响作物的收成，也可能导致草原的退化。我国幅员辽阔，根据引发蝗灾的蝗虫种类，我国蝗灾发生地区可分为亚洲飞蝗片区、东亚飞蝗片区和西藏飞蝗片区。我国史籍中记载的蝗灾，绝大多数由东亚飞蝗引起，先后发生 800 余次，主要发生于我国东南部。

（二）核心任务

利用与种群和群落相关的原理，提出预防和治理蝗灾的合理措施。

(三)教学流程

以支撑本单元重要概念所需的次位概念为课时学习主题,课时教学以问题、任务、活动与评价为主线展开。本单元分为6个课时,教学流程如图1-2所示。

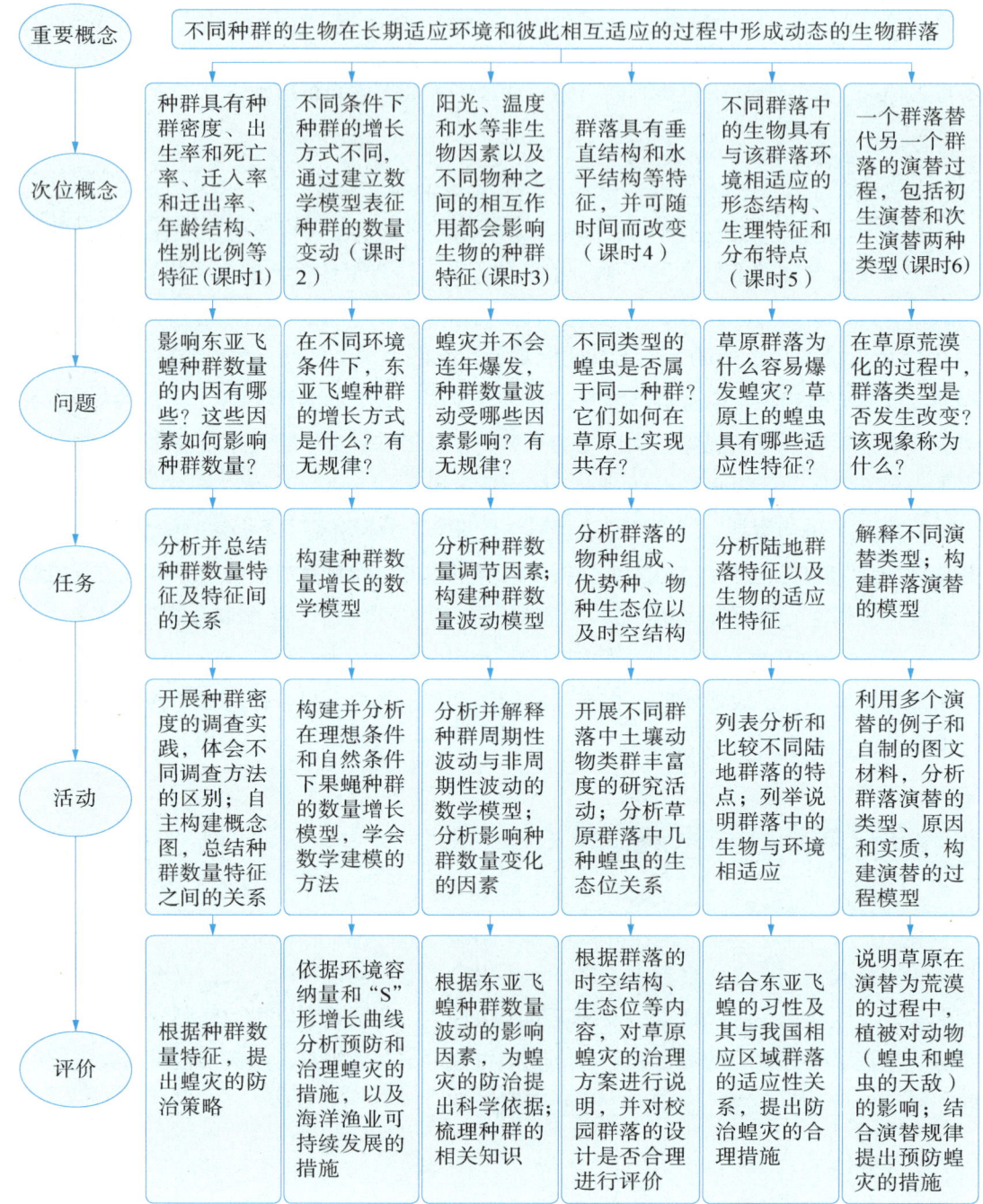

图1-2 单元1教学流程

五、课时教学实例

课时 1 种群具有一定的特征

课堂实录

(一) 课时概念解析

本课时的概念为"种群具有种群密度、出生率和死亡率、迁入率和迁出率、年龄结构、性别比例等特征",该概念的建构需要以下基本概念或证据的支持:

1. 种群数量是种群最基本的特征,种群密度是某个物种在单位面积或单位体积内的个体数量,是反映种群数量最常用的指标,可用标志重捕法或样方法估算。

2. 出生率和死亡率、迁入率和迁出率决定种群数量的动态变化。

3. 年龄结构和性别比例影响种群数量的动态变化。

(二) 课堂实录

教学环节	课 堂 实 录	专业点评
提供思维支架	**思维支架** 细胞、个体、种群、群落、生态系统、生物圈是不同层次的生命系统。任何一个系统都会经历发生、发展,最终达到平衡(或死亡)的动态过程。细胞、个体层次的生命历程,无不体现这一特性。 系统研究的一般步骤(系统分析法)如下:① 界定系统的边界;② 分析系统的组分及各组分的层次结构;③ 定性分析各组分,建立系统的数学模型。如分析细胞时,细胞膜即为系统的边界,各种细胞器即为系统的组分;分泌蛋白合成与分泌的过程体现了多个细胞器在结构与功能上的相互联系、细胞是一个有机整体。再如个体层次的生命系统(以人为例),皮肤是人体的边界,人体内的"细胞→组织→器官→系统→个体"体现了系统各组分间的层次结构,人体各大系统之间的相互配合共同维持了内环境的稳态。本模块将从群体水平上继续探讨生命系统的组成、结构和发展变化规律。	从生命系统的视角开始本单元的教学,既是对前知识的归纳整理,又可以为学生后续学习提供思维脚手架,还可以帮助学生了解系统分析的思想。
创设单元情境,提出核心问题	**创设情境** 蝗灾是我国农业三大自然灾害之一,不仅会严重影响作物的收成,也可能导致草原的退化。我国幅员辽阔,根据引发蝗灾的蝗虫种类,我国蝗灾发生地区可分为亚洲飞蝗片区、东亚飞蝗片区和西藏飞蝗片区。我国史籍中记载的蝗灾,绝大多数由东亚飞蝗引起,先后发生 800 余次,主要发生于我国东南部。 **核心问题** 影响东亚飞蝗种群数量的内因有哪些?这些因素如何影响种群数量?	以预防蝗灾为单元情境,并以三大飞蝗的地域分布为学习支架,可以帮助学生内化种群作为生命系统时空边界的概念。

续表

教学环节	课 堂 实 录	专业点评
任务1: 掌握种群密度的调查方法	**教师提问** 什么是种群？如何调查种群密度？ **学生活动** ① 回顾、讨论种群的概念。 ② 归纳种群密度的调查方法。 ③ 开展标志重捕法的模拟实验：利用黄珠估算纸袋中粉珠的数量，并将实验数据呈现在黑板上，小组间分享不同的实验方案。 ④ 分享利用样方法调查校园内酢浆草种群密度实践活动的实施情况，以及遇到的问题：两种酢浆草是否属于同一种群？能否根据酢浆草的地上分枝直接计数？ ⑤ 兴趣小组的调查数据见表1-1。 表1-1 校园草地中酢浆草种群密度调查记录表 | 取样方法：五点取样法			样方面积：$1m \times 1m$		
---	---	---	---	---	---
样方	样方1	样方2	样方3	样方4	样方5
酢浆草数/株	63	37	115	133	5
平均值/株	约70.6				
种群密度/(株·m^{-2})	约70.6				| **教师提问** ① 标志重捕法和样方法分别适用于哪些生物种群密度的调查，为什么？ ② 为使实际调查数据更准确，调查时应注意哪些事项？ ③ 东亚飞蝗的种群密度应如何调查？ ④ 课后查阅资料以了解种群密度的其他调查方法，以及种群密度的意义。 **学生活动** 讨论上述问题，明确标志重捕法和样方法的适用范围、注意事项等。	模拟实验、小组实践和分享等活动可以让学生亲身体验活动过程，解决预设与实操中遇到的诸多问题，帮助学生掌握种群密度的调查方法和误差分析方法，发展学生的统计思维。这是STEM教育在实践活动中的应用。
任务2: 分析影响种群数量变动的其他数量特征	**过渡** 种群密度反映了种群在一定时期的数量。要想知道种群数量的消长，还需要研究种群的其他数量特征。 **呈现资料** 资料1：东亚飞蝗的生活习性及生殖特点。 资料2：东亚飞蝗的发育阶段、性别决定机制，以及人们生产中常用的监测方式。 **教师提问** ① 根据资料1分析东亚飞蝗种群数量出现较快增长的主要内因。 ② 一般情况下，东亚飞蝗的性别比例保持在什么水平？成虫的性别比例如何影响种群密度？	结合具体物种的生理特征、生活习性等分析种群密度的影响因素，可以发展学生因果分析的科学思维。

续表

教学环节	课 堂 实 录	专业点评
任务2: 分析影响种群数量变动的其他数量特征	③ 调查东亚飞蝗卵期、若虫期和成虫期的密度，有什么意义？ **学生活动** 对上述问题进行讨论和交流。 **教师讲解** 介绍出生率、死亡率、自然增长率、性别比例及其类型、年龄结构及其常用表示方式。 **教师提问** ① 不同种动物的出生率差异很大，其主要影响因素有哪些？ ② "个体死亡对种群而言未必不利"，请谈谈你对这句话的理解。 ③ 出生率和死亡率对种群数量有什么影响？当自然增长率 $r<0$ 时，种群密度一定会变小吗？ **学生活动** 思考并讨论上述问题。 **课内评价** 2021年，我国进行了第七次人口普查，部分数据如图 1-3 所示（图中数据未包括香港特别行政区、澳门特别行政区和台湾地区的人口）。请思考： ① 请根据图 1-3 预测我国人口的发展趋势。 ② 我国人口发展面临哪些问题？请谈谈你对"开放三孩""严禁非医学需要的胎儿性别鉴定"等政策的理解。 年龄结构 0 至 14 岁：17.95% 15 至 59 岁：63.35% 60 岁或以上：18.70% 65 岁或以上：13.50% 性别比例 男性人口：51.24% 女性人口：48.76% 总人口性别比例：105.07 出生人口性别比例：111.3 图 1-3 我国第七次人口普查部分数据	课堂的基础性评价可以引导学生了解我国人口实际情况；关注和探讨人口老龄化和性别比例失衡等社会问题可以提升学生的社会责任感。
任务3: 总结种群数量特征之间的相互关系	**课内评价** 利用概念图或思维导图梳理种群数量特征之间的相互关系，并派小组代表发言。 **学生活动** 构建种群数量特征之间的相互关系图，并对各组的成果进行评价。	概念图有助于学生梳理知识、构建概念间的相互关系；生生互评提高了学生的参与度。
交流评价	**课内评价** 根据种群数量特征等内容，谈谈你对科学防治蝗灾的理解。 **教师小结** 治理蝗灾的前提是掌握其种群数量的变化规律，从而将种群密度压制在一个较低的水平。本课时对种群数量变化进行了定性分析，下一课时我们将从定量分析的角度展开。 **课后作业** ① 依据评价量表，对种群数量特征之间的相互关系图进行补充和完善。 ② 调查东北豹、大熊猫等动物在实施人为保护的措施下，种群数量仍不能快速增长的原因。 ③ 查阅资料，了解调查种群数量的其他方法。	本环节为课时2中种群数量变化的定量分析做铺垫。

（三）教学反思

本课时是选择性必修 2 模块的第一课时，我在课时教学前开展了本模块的学法指导，引导学生了解系统研究的一般步骤，发展学生的科学思维，为后续内容的学习做好铺垫，因此课时时长安排 90 分钟。

本课时的亮点主要体现在四个方面：一是以系统分析作为学习本单元的思维脚手架。系统分析方法的介绍，并加以细胞和个体为例进行说明，可以为学生学习群体水平的生命系统提供方法指导。二是重视单元情境与课时情境的有机融合。在单元情境下，我围绕东亚飞蝗种群提出本课时的核心问题，以相关资料为学习支架来引导学生开展深度学习，分析影响东亚飞蝗种群数量变动的主要内因，并利用概念图梳理各数量特征之间的内在联系，有效促使了本课时内容的结构化以及课时概念的有效达成。三是利用模拟实验与实地调查激发学生的科学思维，提升其动手实践的能力。我以任务驱动的形式组织教学，将标志重捕法这一教学难点直观化、实物化；以兴趣小组分享的形式介绍样方法，可以让一部分学生在获得调查种群密度的亲身体验后，又能以做报告的形式进行分享交流，同时也避免了教师一味地讲解。四是结合生活实际，重视教学过程中的反馈评价。例如，我联系我国人口的实际情况，分析人口老龄化、性别比例失衡等问题的原因，并让学生提出有效的解决方法；结合课时内容提出防治蝗灾的主要思路等。

本课时存在的不足之处：本课时没有让全体学生参与样方法的调查实践。以兴趣小组分享的形式开展教学，使得其余学生相关能力的发展受到了一定的局限。其次，我以东亚飞蝗种群串联课时内容，忽视了教科书中的素材。

（四）总体评析

本课时是本单元整体教学的第一课时。在课时内容的设计上，教师基于深度学习的教学理念，通过情境引出核心问题，结合资料展开因果分析，归纳种群数量变化影响因素的特点，为分析种群数量波动提供了脚手架。教学过程凸显学生的主体地位，有效落实了教学目标，同时实现了"教—学—评"的一体化。本课时的教学设计和课堂实施表现出以下特点：

1. 创设真实的问题情境，促进概念理解。

聚焦单元情境，以东亚飞蝗种群特征的研究为本课时情境，贴近生活，有助于激发学生的学习兴趣。呈现东亚飞蝗的素材并以此引导学生展开深度学习，归纳种群的其他数量特征。回归单元情境，结合本课时内容提出防治蝗灾的主要思路。整个过程都围绕情境展开，由浅入深，学生在分析、讨论和归纳等的过程中，对概念进行了深度理解，并解决了情境中存在的真实问题。

2. 将模拟实验与实地调查相结合，融合了STEM教育理念。

标志重捕法和样方法是本课时的教学难点。教师合理运用课内全员模拟实验、兴趣小组课外实地调查和分享等活动来丰富学生的体验感，加深了学生对本课时难点的认知。在实验预设和实际操作时，学生会遇到各种问题，需要利用工程学思维去解决问题；在分享实验成果时，学生需要考虑如何有序地呈现实验步骤，直观展示实验结果，而这些都需要科学思维和技术手段的支撑；在进行误差分析时，学生发展了数学素养。这是STEM教育在生物学课堂的有益尝试。学以致用，边做边学，可以让学科核心素养的发展真正落地。

3. 紧密联系生活实际，提升社会责任感。

本课时结合我国人口实际情况，引导学生针对人口老龄化、性别比例失衡等问题，提出了有效的措施，并积极反思个人力量在解决社会问题上的作用，提升学生的社会责任感。结合单元情境，教师引导学生提出了有效防治蝗灾的主要思路，进而引导学生关注环境问题，提升了学生的环保意识。

4. 改进建议。

建议教师合理安排课堂教学时间，给予学生充分的时间开展对相关问题的讨论和表达，学生只有经历了完整的学习才能实现对知识的深加工，从而促进自己对有关概念的内化。建议教师可以让更多的学生参与样方法的实践以让学生获得亲身体验，促进学生相关能力的提升。在教学评价方面，教师可以利用具体的活动评价量表进行过程性评价，以提高小组合作的效率。

（本课时由浙江省温州中学瞿翔老师设计和执教）

课时2　不同条件下种群的增长方式不同

课堂实录

（一）课时概念解析

本课时的概念为"不同条件下种群的增长方式不同，通过建立数学模型表征种群的数量变动"，该概念的建构需要以下基本概念或证据的支持：

1. 种群在不同条件下增长方式不同。
2. 种群增长方式会受到环境、气候等因素的影响。
3. 依据具体的实验数据建立种群增长的数学模型。

（二）课堂实录

教学环节	课 堂 实 录	专业点评
关联单元情境,提出核心问题	创设情境　2015年7月,受持续高温干旱天气影响,内蒙古多地爆发蝗虫灾害,超过5000万亩草场遭到破坏,严重受损面积超过2800万亩,受灾牧民近10万人,造成的经济损失达5.7亿元。 核心问题　在不同的环境条件下,东亚飞蝗种群的增长方式分别是什么？有无规律？该问题细分为以下4个问题： ① 结合蝗灾爆发年份中东亚飞蝗数量变化的特点,分析东亚飞蝗种群数量的增长符合什么规律。 ② 自然界中种群的增长方式有哪些类型？不同增长方式对应的条件是什么？ ③ 用什么方法研究种群的增长方式更直观、更便捷？ ④ 运用种群的增长方式解释蝗灾的出现,并尝试给出防治蝗灾的措施。	采用真实的情境展开教学能提升学生的学习兴趣。
任务1:构建理想条件下种群增长的数学模型	呈现资料　假设在资源充足的无限空间内,某个细菌每20 min分裂一次。以1个细菌为起点,请计算不同时间段的细菌种群数量,并用合适的数学模型表征这一结果。 学生活动　计算得出数据,归纳数据的规律,并采用折线图的形式呈现规律。 教师提问 ① 种群数量呈指数增长的"理想条件"是什么？ ② 若某种群起始数量为N_0,每次增殖产生的个体数量为λ,种群数量用N表示,分裂代数用t表示,求N与N_0、λ和t之间的关系。 ③ 细菌种群的增长速率和增长率如何变化？ ④ 种群增长率的大小与哪些因素有关？ 学生活动　讨论以上问题,并通过小组合作完成增长率和增长速率的计算。	以学生熟悉的指数函数模型引导学生运用数学模型分析种群数量变化,可以发展学生的科学思维。 建议：本环节教师准备的问题较多,学生的任务较重,建议教师精简问题或者加以引导,层层递进。
任务2:构建果蝇种群数量变化的数学模型	呈现资料　经过36 h,细菌的数量将会从1个增加至$1×2^{108}$个,这些细菌足以在地球表面铺上33 cm厚的"细菌毯"。 过渡　"J"形增长只存在于理想环境下,自然界中真正的指数增长是不存在的。那么在自然条件下,种群的增长方式会呈现怎样的规律呢？ 呈现资料　"探究果蝇种群数量的变化"活动的相关资料。 学生活动　兴趣小组的成员介绍探究活动的过程以及在果蝇培养、计数时遇到的问题和做出的相应改进,最后播放实验过程的录像。 呈现资料　学生在"探究果蝇种群数量的变化"活动中统计的果蝇种群数量（表1-2）。	夸张的数据反映了指数增长在自然条件下不可能存在,加深了学生的印象,有助于学生发展科学思维,树立生命观念。

续表

教学环节	课 堂 实 录						专业点评
任务2：构建果蝇种群数量变化的数学模型	表1-2　果蝇种群数量变化记录表						真实的活动拉近了学生与课时内容的距离，小组上台分享可以让学生感受生物学实验中渗透的科学方法和科学思维，发展学生的科学探究素养。
	日期	数量/只	日期	数量/只	日期	数量/只	
	10月14日	6	10月28日	125	11月8日	320	
	……	……	10月29日	168	……	……	
	10月19日	6	10月30日	210			
	10月20日	6	10月31日	248			
	10月21日	6	11月1日	268			
	10月22日	10	11月2日	281			
	10月23日	17	11月3日	300			
	10月24日	35	11月4日	315			
	10月25日	55	11月5日	322			
	10月26日	70	11月6日	327			
	10月27日	93	11月7日	314			
	教师提问 ① 如何处理果蝇种群数量变化的数据，以更直观、更便捷地得到结论？ ② 绘制图像，并结合图像初步分析果蝇种群数量变化的特点。 ③ 结合图像猜想果蝇种群数量将会如何变化。 ④ 尝试说出建立数学模型的优点和方法。 **学生活动**　绘制图像，分析果蝇种群数量变化趋势，并总结构建数学模型的一般方法和优点。 **教师活动**　用数学建模软件对实验数据做出分析，并展示构建数学模型的方法和步骤，拓展数学模型的应用方向和优点。						教师使用软件向学生展示数学模型的构建过程和优点，有助于学生掌握数学模型构建的一般方法和具体适用情况，认同数学模型的重要性和实用性。
任务3：构建自然条件下种群增长的数学模型	**过渡**　同学们已经初步掌握了数学模型的构建方法，现在我们用果蝇种群数量变化的数学模型来研究自然条件下种群数量变化的特点。 **呈现资料**　基于表1-2绘制的果蝇种群数量变化曲线图。 **学生活动**　结合图像，总结果蝇种群数量变化的特点，理解逻辑斯谛增长和环境容纳量的概念。 **教师提问** ① 环境容纳量是一个定值吗？ ② 哪些因素会影响种群的环境容纳量？ ③ 结合环境容纳量的影响因素，思考种群呈逻辑斯谛增长的条件是什么。 **学生活动**　分析、讨论以上问题。 **呈现资料**　逻辑斯谛增长曲线（图1-4）。						具体的数据可以让种群数量变化的曲线更加真实，也深化了学生对课堂内容的理解。 建议：教师对环境容纳量这一概念的引出过快，应多加引导，从实验数据出发分析这一概念的实质。

续表

教学环节	课 堂 实 录	专业点评
任务3:构建自然条件下种群增长的数学模型	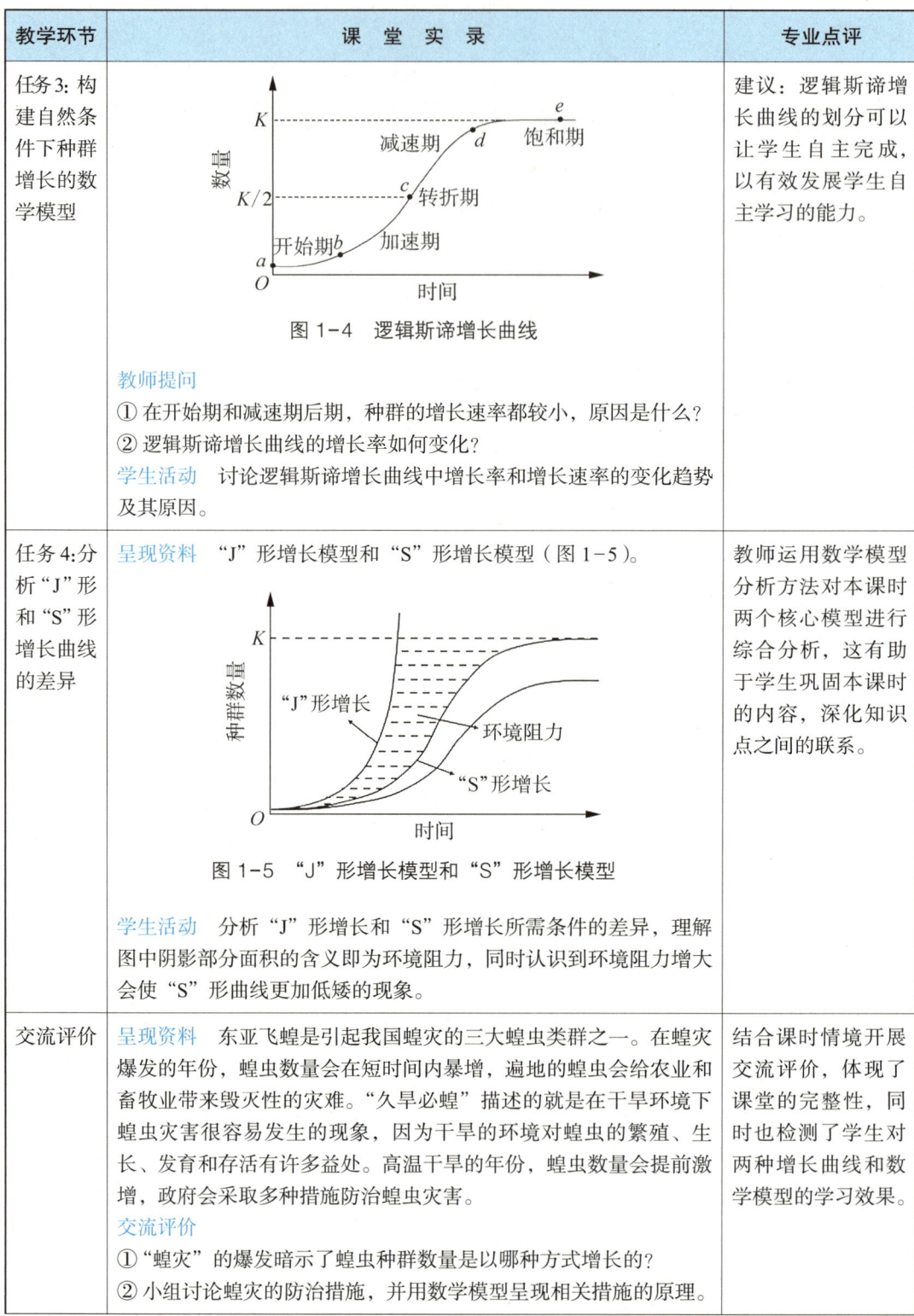

图1-4 逻辑斯谛增长曲线

教师提问
① 在开始期和减速期后期，种群的增长速率都较小，原因是什么？
② 逻辑斯谛增长曲线的增长率如何变化？
学生活动 讨论逻辑斯谛增长曲线中增长率和增长速率的变化趋势及其原因。 | 建议：逻辑斯谛增长曲线的划分可以让学生自主完成，以有效发展学生自主学习的能力。 |
| 任务4:分析"J"形和"S"形增长曲线的差异 | 呈现资料 "J"形增长模型和"S"形增长模型（图1-5）。

图1-5 "J"形增长模型和"S"形增长模型

学生活动 分析"J"形增长和"S"形增长所需条件的差异，理解图中阴影部分面积的含义即为环境阻力，同时认识到环境阻力增大会使"S"形曲线更加低矮的现象。 | 教师运用数学模型分析方法对本课时两个核心模型进行综合分析，这有助于学生巩固本课时的内容，深化知识点之间的联系。 |
| 交流评价 | 呈现资料 东亚飞蝗是引起我国蝗灾的三大蝗虫类群之一。在蝗灾爆发的年份，蝗虫数量会在短时间内暴增，遍地的蝗虫会给农业和畜牧业带来毁灭性的灾难。"久旱必蝗"描述的就是在干旱环境下蝗虫灾害很容易发生的现象，因为干旱的环境对蝗虫的繁殖、生长、发育和存活有许多益处。高温干旱的年份，蝗虫数量会提前激增，政府会采取多种措施防治蝗虫灾害。
交流评价
① "蝗灾"的爆发暗示了蝗虫种群数量是以哪种方式增长的？
② 小组讨论蝗灾的防治措施，并用数学模型呈现相关措施的原理。 | 结合课时情境开展交流评价，体现了课堂的完整性，同时也检测了学生对两种增长曲线和数学模型的学习效果。 |

教学环节	课 堂 实 录	专业点评
交流评价	**课后作业** ① 完善交流评价②，对建立的数学模型进行修正。 ② 运用数学模型分析东亚飞蝗种群的数量变化及其原因。 ③ 查阅资料，了解种群数量变化的其他模型，并思考原因。	

（三）教学反思

本课时的亮点主要体现在三个方面：一是从模型分析的角度开展种群数量增长模型的分析。本课时从单元情境入手，让学生认识到在不同的条件下，种群的增长方式不同，再提出本课时的核心问题。我将"尝试建立数学模型解释种群的数量变动"概念拆解为"种群数量增长方式及其条件"和"种群数量变化模型"两个内容，分别引导学生开展学习讨论和活动。教学过程中，我通过学生熟悉的指数增长模型引出了构建数学模型的基本思路和种群数量变化的核心内容，再基于实验数据开展"S"形增长模型的分析活动，最后设计了运用数学模型呈现蝗灾相关防治措施的原理的活动，将课时内容上升到实际应用，发展了学生的学科核心素养。二是利用数学建模软件对实验数据进行处理，结合实际操作向学生展示数学建模的方法和意义，发展了学生对生物学实验的认知。三是结合了真实的果蝇数量变化数据。本课时以兴趣小组的形式进行果蝇培养和计数，实验结果真实，同时落实了生物学核心素养的培养；课堂上学生以小组汇报的形式介绍活动过程中遇到的问题以及相应的思考，增加了课堂的趣味性和实验研究的严谨性。

本课时存在的不足之处：一是课时情境与单元情境的融合性不足。关于蝗虫数量的研究资料较少，我没有获得真实的蝗虫数量变化数据，因此本课时中使用的生物模型都不是蝗虫。二是利用软件构建数学模型时，学生的参与度不够。构建过程以教师操作为主、学生观摩理解为辅，学生虽然能体会数学模型的构建过程，但是缺乏活动体验。三是缺少对小组成果的生生评价。我只让学生上台绘制了图像，没有让学生对自己的作品进行讲解。教学中应设计评价指标进行生生互评，这样一方面可以引导学生科学地评价，另一方面可以让学生深入了解数学模型中的关键点。

（四）总体评析

本课时是本单元的第二课时，教师以"情境—活动—任务—评价"为主线展开教学，在帮助学生在建构概念的同时，发展了生物学学科核心素养，提高了学生自主探究与合作学习的能力。本课时的教学设计和课堂效果表现出以下特点：

1. 利用熟悉的情境引导学生掌握分析方法。

以情境展开教学是生物学学科核心素养得以发展的基本前提。情境可以帮助学生提升学习兴趣和学科自信，同时也能让学生学会在情境中发现知识、掌握知识并在真实情境下运用知识。以蝗虫灾害的爆发引出种群数量变化的特点可以激发学生的学习兴趣，教师再结合学生熟悉的指数函数模型展开对种群数量变化的分析，之后用小组成员获得的真实实验数据展开课堂的核心教学，帮助学生建构种群的稳态与平衡观。

2. 深化数学模型的构建过程，促进学生对模型的运用和理解。

本课时最重要的研究方法就是数学模型的构建。教师提前准备了相关数据处理软件，并在课堂上对实验数据做出分析，让学生在感受数学模型构建过程的同时，对数据分析的重要性也有了初步的认识，深化了学生对数学模型的应用，从而提升了学生对数学模型的理解。

3. 真实实验推动课堂教学，发展学生的科学探究素养。

教师在课堂上展示学生获得的实验结果，并让学生上台分析实验过程中遇到的问题及其解决方法，指导学生发现问题、解决问题。真实的实验数据和实验现象可以让课堂更加贴近学生的生活实际。

4. 在真实情境中展开评价，帮助学生巩固学习成果。

在课堂的最后，教师组织学生运用种群数量增长模型和数学模型构建方法对真实情境做了分析和解释，提高学生运用知识解决实际问题的能力。

5. 改进建议。

在本课时中，教师对稳态与平衡观的强调还不够，建议教师增加对环境被破坏后种群数量变化的结果分析，以帮助学生建构完善的稳态与平衡观。在学生讨论时，教师可以给学生更多的时间，让学生发表自己的想法，深化学生对数学模型的理解，充分实现本课时的教学目标，提高学生解决实际问题的能力。在构建数学模型的过程中，教师可以选择更加真实、直观的例子，让学生充分感受到数学模型的重要性。

（本课时由浙江省温州第二高级中学周霄宇老师设计和执教）

课时3　生态因素影响种群数量波动

（一）课时概念解析

本课时的概念为"阳光、温度和水等非生物因素以及不同物种之间的相互作用都会影响生物的种群特征"，该概念的建构需要以下基本概念或证据的支持：

单元 1　不同种群的生物在长期适应环境和彼此相互适应的过程中形成动态的生物群落

1. 种群是一个动态系统，种群中的个体数量会随时间而变化。
2. 种群数量波动包括周期性波动和非周期性波动。
3. 调节种群数量波动的因素分为外源性因素和内源性因素。

（二）课堂实录

教学环节	课　堂　实　录	专业点评
关联单元情境，提出核心问题	创设情境　科学家们想要预防蝗灾，就需要知道东亚飞蝗出现的规律及其数量的影响因素。 核心问题　蝗灾并不会连年爆发，种群数量波动受哪些因素影响？有无规律？	关联单元情境可以有效地实现知识点的串联。
任务1：简述种群数量波动的类型及其原因	导入　基于种群特征和种群数量增长方式的内容，以及学生对蝗灾危害的充分感知，本课时将继续以东亚飞蝗为主题，了解其他预防蝗灾的方法。 教师提问　从"S"形增长方式出发，请思考： ①种群数量的上限是什么？ ②为什么说K值代表种群数量的一个平均值？ 学生活动　回顾旧知并总结：种群数量围绕K值上下波动。 呈现资料　东亚飞蝗种群的数量波动（图1-6）。 图1-6　东亚飞蝗种群的数量波动 教师提问　种群的个体数量随着时间而变化称为种群数量波动。请思考： ①影响种群数量变化的直接原因是什么？ ②东亚飞蝗种群的波动曲线有什么特点？ 学生活动　独立思考并总结决定种群数量波动的因素，得出非周期性波动和周期性波动的概念。 教师提问　自然界中是否存在数量呈周期性波动的种群？ 学生活动　阅读教科书中的相关内容，总结相关实例及其对应的周期性波动类型。 课堂评价　根据图1-7判断欧洲灰鹭种群数量波动的类型，并说出依据。	教师利用教科书中的素材引导学生从多个角度分析种群数量波动并根据素材得出结论，发展了学生的科学思维。

续表

教学环节	课 堂 实 录	专业点评
任务1：简述种群数量波动的类型及其原因	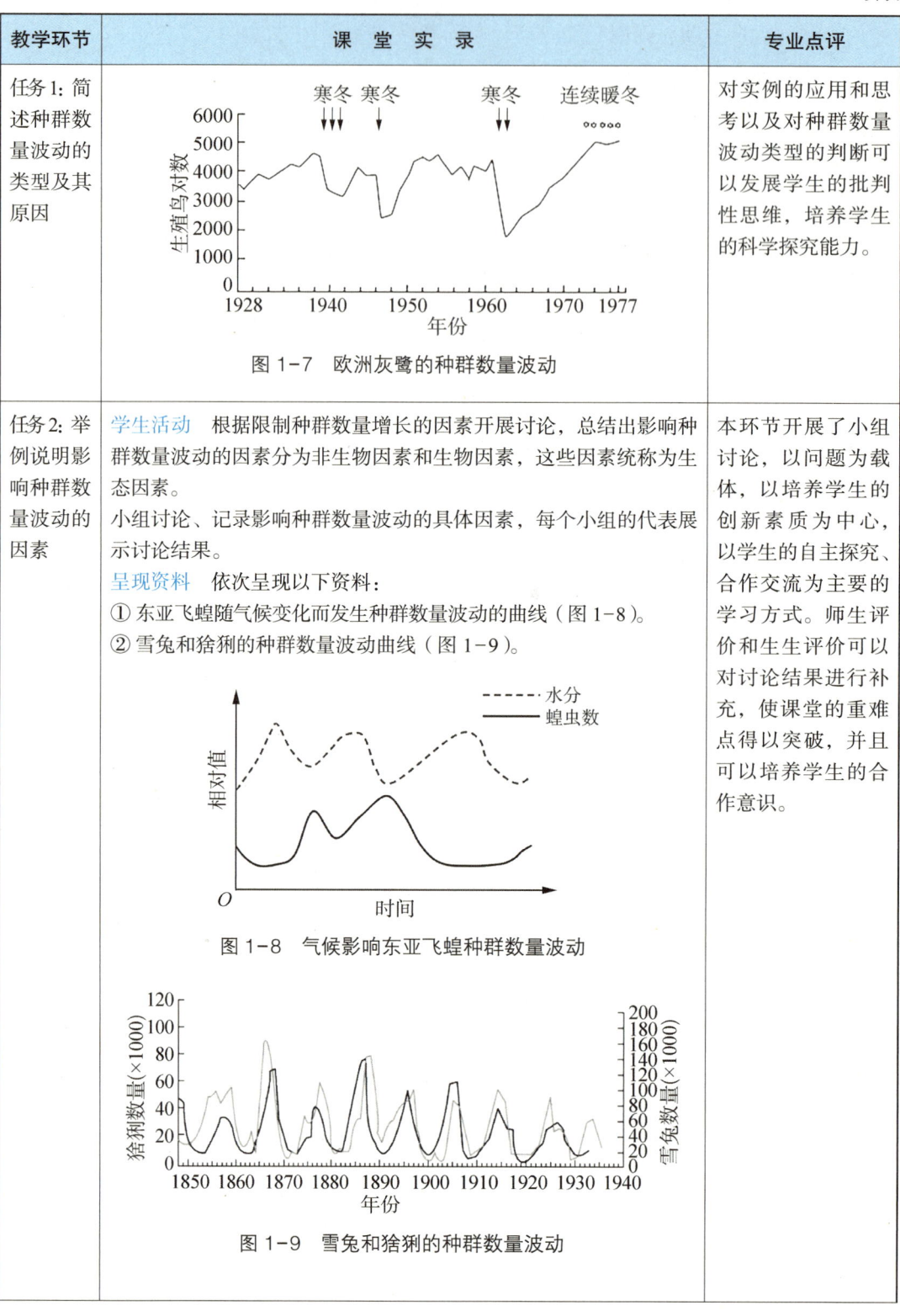 图1-7 欧洲灰鹭的种群数量波动	对实例的应用和思考以及对种群数量波动类型的判断可以发展学生的批判性思维，培养学生的科学探究能力。
任务2：举例说明影响种群数量波动的因素	**学生活动** 根据限制种群数量增长的因素开展讨论，总结出影响种群数量波动的因素分为非生物因素和生物因素，这些因素统称为生态因素。 小组讨论、记录影响种群数量波动的具体因素，每个小组的代表展示讨论结果。 **呈现资料** 依次呈现以下资料： ① 东亚飞蝗随气候变化而发生种群数量波动的曲线（图1-8）。 ② 雪兔和猞猁的种群数量波动曲线（图1-9）。 图1-8 气候影响东亚飞蝗种群数量波动 图1-9 雪兔和猞猁的种群数量波动	本环节开展了小组讨论，以问题为载体，以培养学生的创新素质为中心，以学生的自主探究、合作交流为主要的学习方式。师生评价和生生评价可以对讨论结果进行补充，使课堂的重难点得以突破，并且可以培养学生的合作意识。

教学环节	课 堂 实 录	专业点评
任务2：举例说明影响种群数量波动的因素	**教师提问** ① 从气候的角度分析，为什么大多数种群呈非周期性波动？ ② 判断图1-9中的两条曲线分别表示什么种群，并说明种群数量发生波动的原因。 **学生活动** 独立思考，并得出以下结论： ① 因不可预测极端气候的出现，大多数种群呈非周期性波动。 ② 因为捕食者和被捕食者之间的数量关系。 **师生总结** 疾病和寄生有一个共同的特点：病原体和寄生生物的致病力和传播速率是随着种群密度的增加而变强、变大的。在大多数情况下，影响因素并非单独起调节作用，而是多种因素综合在一起共同影响种群数量波动。 **课堂评价** 预防蝗灾的措施有哪些？ **呈现资料** ① 领域行为和内分泌因素影响种群数量波动的实例。 ② 东亚飞蝗聚群成灾的奥秘（内源性因素——群聚激素）。 **学生活动** 独立思考： ① 两种内源性因素如何影响种群数量波动？ ② 群聚激素在预防蝗灾中有哪些应用？ **教师总结** 内源性因素作用于种群内部，有助于种内互助或种内斗争等，所以对种群数量波动存在多个方面的影响。	本环节注重引导学生归纳和总结知识点，利用生物学知识解决实际问题，充分发挥了学生的主体作用，体现了新课程"以学生发展为本"的价值追求。
交流评价	**交流与思考** ① 生态因素通过影响种群哪些特征使得种群数量发生波动？ ② 如果将所有的种群安置在同一时空内，它们将会表现出哪些特征？ **教师总结** 我们了解了种群特征、种群数量增长的方式、种群数量波动的类型及影响因素。如果将所有的种群安置在同一时空内，它们便组成了群落，我们后续继续探讨群落的相关特征。 **课后作业** ① 自主梳理本章概念间的关系，构建种群特征、种群增长方式和种群数量波动之间的关系。 ② 运用知识解决真实情境下的问题：运用种群知识，综合描述预防蝗灾的措施。	教师通过问题串引导学生一起建构本课时的概念。作为种群和群落的过渡课时，教师总结了种群的相关知识，并引导学生进行课后思考和总结，以此衔接群落的内容。

（三）教学反思

本课时的亮点主要体现在三个方面：一是充分关联新旧知识。本课时从单元情境入手，引导学生说出"当种群个体数接近或达到环境容纳量时，种群不再继续增长或在环境容纳量处上下波动"，从而得出"种群数量会发生波动"这一结论；我再以东亚飞蝗、欧洲灰鹭、雪兔和猞猁三个实例介绍种群数量波动的特点，进而引发学生深度思考波动类型的判断方法；我引导学生回忆"S"形增长方式中限制种群数量继续增长的因素，再将各个因素归类为生物因素和非生物因素。通过这些活动，学生复习了已学知识，更好地理解了概念。二是科学地利用了多种形式的素材开展教学。我在讲解种群数量波动的特点及其影响因素时，采用了文字、图片、视频等多种形式的素材来辅助学生学习，并在课堂活动中给予学生充足的阅读资料和讨论交流的时间，提升了学生提取信息、科学表达的能力。当学生初步了解资料时，我引导学生挖掘资料中隐含的信息。如在判断欧洲灰鹭种群数量波动的特点时，学生借助概念进行判断，而后我引导学生比较欧洲灰鹭种群数量波动和东亚飞蝗种群数量波动，发现欧洲灰鹭的种群数量波动图中多了"寒冬""连续暖冬"的表述，进而分析得出欧洲灰鹭种群数量波动为非周期性波动的结论。三是积极引导学生将课程内容与生活实际相联系。在列举种群数量波动具体影响因素时，学生不仅需要提前做好预习工作，还需要结合已学知识和生活实际。在讲解疾病和寄生这类外源性因素的过程中，我通过描述二者的共同点，引导学生联系新冠肺炎疫情的防控，提高学生的社会责任感。

本课时存在的不足之处：一是我对学生原有知识结构和思维水平的了解不够充分。在相关问题的设计上，我可以尝试将问题设计得更加具体和贴切；在学生独立思考和小组讨论的过程中，我可以尝试预设引导的方向和措辞，从而有效引导学生更深入地思考。二是小组活动的形式不够多元。后续我可以尝试用磁贴代替白纸和吸铁石，以让更多的学生发表自己的见解，充分地参与到课堂活动中。

（四）总体评析

本课时是本单元的第三课时，学生通过课时1、2的学习已初步掌握了种群的特征和种群数量的增长方式，为本课时种群数量波动的学习奠定了基础。此外，教师在课堂的最后也对种群的内容做了总结，并以问题的形式过渡到后续群落内容的学习上。本课时的教学设计和课堂实施表现出以下特点：

1. 联系生活实际，解决课堂问题。

在讲解具体知识点时，教师引导学生联系生活的方方面面，这不仅可以激发学生的学习兴趣，还可以发展学生的应用能力，提高学生的社会责任感，同时也丰富了课程内容。

2. 科学运用资料，拓展思维空间。

多元化的资料可以丰富课堂内容，提高学生学习兴趣，同时也能很好地拓展学生的思维。本课时的资料不仅贴合课堂内容，同时也回应了单元情境。在每一个资料的后面，教师都设定了对应的问题或问题串，以帮助学生更深入地理解资料，促进课堂评价的开展。

3. 精心设计问题，进行有效提问。

教师对每一个提问都进行了精心设计，力求体现问题的有效性、层次性。在判断欧洲灰鹭种群波动的特点时，教师让学生基于已有概念进行判断，引导学生从极端气候的角度展开分析；在分析东亚飞蝗种群波动时，教师引导学生分别以图1-8中的横、纵坐标为基准点进行分析等。这样处理有效地分散了难点，逐步引导学生掌握相关知识点。

4. 改进建议。

一是在评价方面。本课时开展了小组讨论和学生的独立思考，教师若能更好地指引学生在相关问题上的思考方向，课堂效果会更好。虽然本课时有较多的师生评价，但教师评价的语言不够丰富和精练，同时建议教师增加生生评价的次数，以提高学生的课堂参与度。二是在活动方面。教师在任务2中设定了小组讨论和展示环节，建议活动形式可以更多元一些，使得更多学生可以发表自己的想法，提升教学的有效性。

（本课时由温州市外国语学校唐超然老师设计和执教）

课时4 不同种群组成群落，群落具有垂直、水平和时间结构

课堂实录

（一）课时概念解析

本课时的概念为"群落具有垂直结构和水平结构等特征，并可随时间而改变"，该概念的建构需要以下基本概念或证据的支持：

1. 不同种群的生物在长期适应环境和彼此相互适应的过程中形成动态的群落。
2. 群落中的不同物种往往有不同的生态位，其中优势种决定群落的结构和内部环境的形成。
3. 群落中的物种在时间和空间上的位置不同。

（二）课堂实录

教学环节	课 堂 实 录	专业点评
关联单元情境，提出核心问题	创设情境　蝗灾是我国农业三大自然灾害之一，严重影响作物的收成。在发生蝗灾的内蒙古草原上，生存着数十种蝗虫。 核心问题　不同类型的蝗虫属于同一种群吗？它们如何在草原上实现共存？	本环节衔接单元情境，引出蝗灾的发生地内蒙古草原，并引导学生从群落层次思考蝗灾的相关问题。

续表

教学环节	课 堂 实 录	专业点评
任务1:调查群落物种丰富度,并识别优势种	**教师提问** ① 内蒙古草原上不同类型的蝗虫属于同一种群吗？能否组成群落？请结合种群概念，试着给群落下一个定义。 ② 蝗灾对草原群落的物种组成有什么影响？请试着从物种的种类和数量两个角度进行分析。 **学生活动** 明确种群的概念，并从物种的种类和数量两个角度交流蝗灾对草原群落的影响。 **呈现资料** 播放课前开展的土壤小动物类群丰富度调查视频，并展示班级6个小组的实验结果（表1-3）。 表1-3 土壤小动物类群丰富度调查结果 | 调查项	林地		农田		草地	
---	---	---	---	---	---	---
	第1组	第2组	第3组	第4组	第5组	第6组
蚂 蚁	5只	2只	0	2只	1只	0
蚯 蚓	2条	1条	1条	1条	0	0
蜗 牛	0	1只	0	1只	1只	2只
蜈 蚣	1条	0	1条	0	0	1条
鼠 妇	0	0	2只	1只	0	1只
未鉴定	3种	5种	1种	3种	2种	1种
合计种数	6	8	4	7	4	4
合计数量	11	9	5	8	4	5 | **教师提问** ① 表中哪个调查地土壤小动物类群丰富度最大？ ② 第3、4组土壤小动物合计数量存在差异的原因是什么？ ③ 哪些环境因素会影响土壤小动物的种类和数量？ ④ 开展土壤小动物类群丰富度调查实验有什么意义？ **学生活动** 思考、回答以上问题。 **评价任务** 如何调查内蒙古草原上的蝗虫丰富度？与土壤小动物类群丰富度的调查有无相似之处？ **呈现资料** 内蒙古草原上蝗虫丰富度的调查结果。 **教师提问** 对群落的结构和内部环境形成具有明显决定作用的生物称为群落的优势种。优势种具有哪些特征？ **学生活动** 归纳优势种的相关特征。	教师基于调查活动以及学生的体验设计合适的问题串，可以提升学生的分析推理能力，使学生认同丰富度调查可以反映群落物种组成情况的观念。群落物种丰富度影响因素的归纳，加深了学生对群落物种组成的理解。 真实的数据可以让学生在真实的情境中解决问题，让学生直观地认识草原上蝗虫的种类和数量，为蝗虫生态位的分析做铺垫，起到了承上启下的作用。

教学环节	课 堂 实 录	专业点评
任务2: 分析群落中不同物种的生态位关系	**过渡** 生态学上常用生态位来表示物种在群落中所处的地位、作用和重要性。一个物种生态位的大小不仅取决于它所栖息的场所，而且取决于它与食物、天敌和其他生物的关系。 **教师提问** 群落中存在多种多样的生物，如内蒙古草原群落上的11种蝗虫，它们在群落中的生态位是否完全一致？请提出你的猜想，并说明原因。 **学生活动** 提出自己的猜想并说明原因。 **呈现资料** 俄罗斯生态学家高斯的草履虫相关实验。 **学生活动** 小组讨论，分析以下问题： ① 单独培养时，草履虫种群的数量变化呈现什么规律？为什么会出现这样的规律？ ② 混合培养时，这两种草履虫之间存在哪种种间关系？ ③ 混合培养时，大草履虫数量先增加后减少的原因是什么？这说明了什么？ ④ 如果这两种草履虫在混合培养时要实现共存，则草履虫需要做出哪些适应性变化？ ⑤ 大草履虫与双小核草履虫的生态位完全一致，即两者利用的资源基本相同。曲线1（图1-10，a）和曲线2（图1-10，a）分别代表双小核草履虫、大草履虫资源利用效率。双小核草履虫、大草履虫发生适应性变化后，两条曲线会如何变化？请画在图中（图1-10，b）。 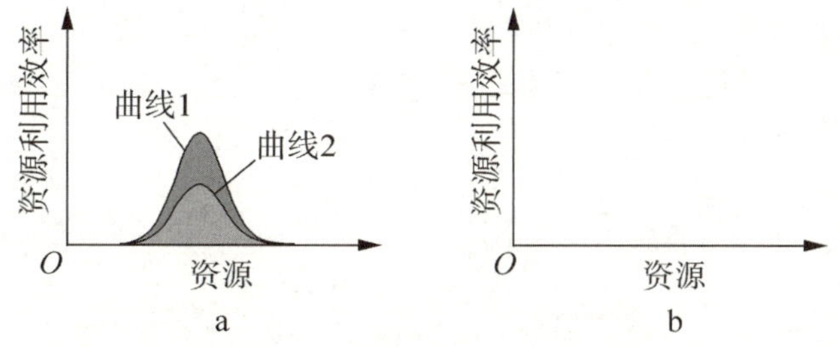 图1-10 绘制生态分化示意图 ⑥ 内蒙古草原群落上的11种蝗虫，它们在群落中的生态位是否完全一致？请说明原因。 **呈现资料** 典型草原不同草地类型蝗虫种群生态位关系。 **学生活动** 结合资料，分小组讨论以下问题，并汇报、交流： ① 从生活空间上比较，哪种蝗虫与其他蝗虫的生态位差异最大？请分析原因。 ② 宽须蚁蝗和华北雏蝗的生态位没有完全重叠的原因是什么？ ③ 如果两种蝗虫的觅食生境一样，生态位就完全一样吗？ ④ 大多数蝗虫会同时在草原群落的不同区域活动和觅食，但总有各自最喜好的区域，这对于群落中蝗虫的生存有什么适应性意义？	以科学探究的一般流程组织教学，有利于学生建构科学概念，让学生在探究过程中进一步掌握模型与建模等方法，在理解知识的基础上进一步形成稳态与平衡观、进化与适应观。 回归情境，学生分析内蒙古草原不同类型蝗虫种群生态位关系及其形成的主要原因和适应意义，内化生态位重叠、竞争排斥原理、生态位分化的概念。

续表

教学环节	课 堂 实 录	专业点评
任务3：探讨群落的时空结构	**过渡** 生态位的分化使得物种在空间分布、活动时间上出现了差异，从而使群落的外貌在不同空间、不同时间也出现了差异。 **教师提问** 群落的时空结构具有怎样的特点？我们选取比较典型的群落来进行研究。 **呈现资料** 内蒙古草原群落的照片、森林群落的照片、草原群落一年四季的照片。 **学生活动** 结合内蒙古草原群落和森林群落示意图，分小组讨论相关问题： ① 内蒙古草原群落上的优势种——针茅草，说一说它在水平方向上的分布特点。 ② 结合蒲公英随机生长、棕榈树相对集中生长、水源附近植物生长茂盛等照片，谈一谈水平结构出现这种现象的主要原因。 ③ 森林群落在垂直结构上可以分为哪些层次？对群落影响最大的是哪一个层次？ ④ 植物分层的根本原因是什么？与哪一外界因素关系最大？ ⑤ 动物是否也有分层现象？如果有，与哪些因素有关？ ⑥ 群落分层对于生物而言有什么意义？ ⑦ 举例说明动物的活跃程度在不同季节发生明显变化的原因。 ⑧ 举例说明植物的活跃程度在不同季节发生明显变化的原因。	教师通过问题引领、组织学生进行自主探究学习，帮助学生进一步感知群落的特征。学生通过观察、分析和讨论建构生物学概念，发展科学思维；在建构概念的同时，树立了进化与适应观、稳态与平衡观等生命观念。
交流评价	**评价任务** ① 针茅草是内蒙古草原群落的优势种，当地一些居民认为针茅草数量多、占优势，即便蝗虫啃食针茅草，对内蒙古草原群落也不会有太大影响。请根据优势种的相关特征，谈一谈你是否赞同这种观点，并说明理由。 ② 根据生态位原理，在内蒙古草原上发生蝗灾时若引入蝗虫的天敌，如粉红椋鸟、牧鸡，需要注意哪些事项，为什么？ ③ 有同学发现，内蒙古草原上长有高低不同的针茅草，他们认为这属于群落的垂直结构。请结合所学内容，分析该同学的观点是否正确。 **教师总结** 这节课我们学习了群落的相关特征，包括群落的时空结构、物种组成、优势种以及不同物种的生态位，这些内容为后续蝗灾的防治提供了一定的科学依据。 **课后作业** ① 依据评价量表，绘制本课时的概念图。 ② 从生态位理论的角度分析校园群落的设计是否合理，并说明自己的理由。 ③ 查阅资料，从群落结构的角度向同学介绍立体农业模式或立体绿化。	本课时的评价任务可以帮助学生进一步理解本模块强调的人与自然和谐共生的理念，进而提升学生的社会责任感。

单元1　不同种群的生物在长期适应环境和彼此相互适应的过程中形成动态的生物群落

（三）教学反思

本课时的亮点主要体现在三个方面：一是教、学、评三个环节都紧密围绕同一真实情境，将要解决的问题蕴含在真实情境中。以蝗灾的发生地内蒙古草原作为研究对象衔接单元情境，我依次展开丰富度、优势种、生态位以及时空结构的教学，且不同教学内容之间衔接连贯、自然。学生围绕真实情境中的问题，展开小组合作探究，如通过合作分析内蒙古草原不同类型蝗虫种群的生态位关系，促进了自己对概念的理解和应用。此外，我还引导学生围绕同一情境展开本课时的交流评价。二是充分关注概念的动态生成过程。本课时中与生态位相关的概念最难理解，我巧妙地利用科学探究的一般流程组织教学，引导学生针对问题"内蒙古草原上的11种蝗虫，它们在群落中的生态位是否完全一致"展开猜想→分析相关实验→探讨结果→构建模型等活动，在发展学生科学探究能力的同时，帮助学生建构生态位、生态位重叠及分化等相关概念。再如，我以照片的形式展示多个实例，引导学生分析群落水平结构呈斑块状、镶嵌性的原因，帮助学生建构群落水平结构相关的概念。三是有效实施小组合作学习。无论是课前的土壤小动物类群丰富度调查活动，还是课堂中的分析内蒙古草原不同类型蝗虫种群生态位关系、分析群落时空结构的特点等活动，都是以小组为单位完成的。学生通过自主学习和合作学习，在分析问题、解决任务的过程中，逐步建构、内化概念。

本课时存在的不足之处：一是因为借班上课，我与学生相互不熟悉，学生进入教师预设的课堂相对较慢。二是我给予学生思考的时间较少，尤其是在分析群落时空结构特点的活动中。三是课堂讨论环节注重学生说、教师评，我没有很好地引导学生互相质疑、互相评价，也没有创设更多生生交流的机会。

（四）总体评析

本课时以内蒙古草原上的蝗灾为背景，通过课前调查、实验分析等活动串联教学主线，引导学生建构课时概念，发展学生的生物学学科核心素养。本课时的教学设计和课堂实施表现出以下特点：

1. 各个环节衔接连贯、自然。

本课时的内容较多，教师巧妙的设计使本课时各个环节始终围绕同一真实情境展开：以蝗灾的发生地内蒙古草原为背景，基于问题"蝗灾对草原群落的物种组成有什么影响"引出丰富度的概念、土壤小动物类群丰富度活动；基于蝗虫啃食内蒙古草原上的针茅草导致群落外貌和内部结构发生改变的现象引出优势种，并引导学生对优势种的相关特征进行交流和总结；基于优势种能够决定群落的性质说明优势种的重要性，再引出生态位相关问题并引导学生探究和交流；最后，由生态位分化导致群落的时空结构出现异质性引出对群落时空结构相关内容的讨论。

2. 聚焦真实情境，有效开展教学评价。

本课时引用真实的调查数据激发学生的学习兴趣，在真实情境中培养学生的科学探究能力，支持学生的概念形成，这是本课时的突出特点。此外，教师在教学过程中和教学总结时，均聚焦情境设计了评价任务。教学过程中的评价不仅能反馈学生对知识的掌握情况，还能起到承上启下的作用。教学总结时的评价任务同样围绕着真实情境展开。有效的评价能及时诊断学生对核心概念的掌握情况和应用情况，还能促进学生的学习和发展。

3. 有效落实核心素养的达成。

本课时有效地落实了核心素养四个方面的达成。学生在自主建构、理解和深化概念的过程中，逐渐发展适应与进化观、平衡与稳态观等生命观念；课前学生分组进行"土壤小动物类群丰富度调查"活动，通过方案设计、动手操作等活动获得了亲身经历与体验，提高了科学探究能力。

4. 改进建议。

本课时内容较多，教师预设的目标大部分都达成了。建议教师也要关注预设外的动态生成，利用动态生成激发学生的发散性思维，充分体现课堂的生动性！此外，生态位的概念可以引申至一个人在社会、生活中的"位置"，以帮助学生进一步理解人与自然和谐共生的理念，即人类的生活和生产不能无节制地占用自然资源，不能抢占过多的生态位，要与其他生物达到"各安生态位"的状态才能真正实现和谐共生，进而培养学生的社会责任感。

（本课时由温州市洞头区第一中学林建春老师设计和执教）

课堂实录

课时5　地球上分布着不同类型的群落

（一）课时概念解析

本课时的概念为"不同群落中的生物具有与该群落环境相适应的形态结构、生理特征和分布特点"，该概念的建构需要以下基本概念或证据的支持：

1. 陆地群落主要有四种类型，每种类型特点不同。
2. 不同群落中的生物具有与该群落环境相适应的形态结构、生理特征和分布特点。

（二）课堂实录

教学环节	课　堂　实　录	专业点评
关联单元情境，提出核心问题	**创设情境**　蝗灾多发生在草原。不同蝗虫的主要分布区域不同，例如我国三大自然区域主要分布着三种飞蝗，东部季风区主要是东亚飞蝗，西北干旱半干旱区主要是亚洲飞蝗，青藏高寒区主要是西藏飞蝗。 **核心问题**　为什么蝗灾大多发生在草原？我国不同区域分布的飞蝗种类为什么会有所差异？	本环节衔接单元情境，提出本课时核心问题，引出蝗灾的发生、蝗虫的分布与环境的相关性，激发了学生的学习兴趣。
任务1：了解群落的类型，说出陆地群落的类型	**教师提问** ①我国有哪些类型的群落？ ②哪些因素造成了不同群落的差异？ **学生活动**　小组讨论以上问题，认识我国的陆地群落（森林、草原、荒漠）和水域群落，以及气候、地形和其他环境条件对群落类型的影响。 **呈现资料**　四种陆地群落的照片。 **教师提问** ①照片中的群落是什么类型？ ②该群落类型的判断依据是什么？ **学生活动**　区分群落类型，说明分类依据。	教师引导学生结合前概念感性认识群落的类型，进一步了解我国的自然环境，增强社会责任感。
任务2：探索陆地群落的特点	**呈现资料**　四种陆地群落及其代表动植物类型的照片。 **教师提问** ①四种陆地群落各有哪些特点？ ②群落中的动植物有哪些与环境相适应的生理特征、生活习性和分布特点？ **学生活动**　分小组进行任务阅读。每个小组选择一种群落类型完成设计表格等相关任务，分享本组成果。 **教师活动** ①展示教师设计的表格，引导学生查漏补缺。 ②展示不同陆地群落中的生物，引导学生感受并认知群落中的生物具有与该群落环境相适应的形态结构、生理特征和分布特点。 **情境呈现**　教师在五一劳动节和国庆节拍摄的红枫古道照片，照片涉及红枫古道的春景和秋景，以及在树上攀爬的松鼠和在地上活动的老鼠。 **评价** ①故地重游时为什么老师看到的风景不一样？ ②为什么松鼠不像老鼠那样在地上活动？ ③山顶的草坪是不是草原群落？ **学生活动**　讨论分析问题，巩固优势种、生态位、群落的时间结构、群落类型的判断方法等知识。	自主设计和小组合作有助于培养学生自主学习、比较归纳的能力，充分发挥了学生的主观能动性。丰富的图片资料可以让学习内容更直观、更饱满。 教师借助真实情境开展交流评价，寓教于乐，可以帮助学生巩固群落的相关知识。

续表

教学环节	课 堂 实 录	专业点评
关联单元情境，交流与评价	呈现资料　20世纪80年代以来，东亚飞蝗在黄淮海地区和海南岛西南部频繁发生，每年发生面积约1万～1.5万平方千米，涉及9个省（市）的100多个县，农业生产受到严重威胁。飞蝗喜欢栖息在地势低洼、易涝易旱或水位不稳定的海滩或湖滩，以及大面积荒滩或耕作粗放的夹荒地上，这些地方生长着大量的芦苇、盐蒿、稗草、荻草、莎草等蝗虫嗜食植物。飞蝗成虫在产卵时对地形、土壤性状、土面坚实度、植被等有明显的选择性。每只雌蝗一般产四五个卵块，每卵块均含卵约65粒，飞蝗成虫几乎全天取食。在干旱年份，宜蝗荒滩、荒地面积增大，有利于蝗虫繁衍，容易造成蝗灾。 学生活动　结合东亚飞蝗的生活习性与我国相应区域群落的适应性关系，提出合理的蝗灾防治措施。 教师总结　不同群落在物种组成、群落外貌和结构上都有着不同的特点，不同群落中的生物也都有适应其环境的特征。地球上的群落并非一成不变，否则就没有"沧海桑田"一说。群落是如何演变的？我们下节课将继续学习群落演替的知识，了解群落的变化过程。群落很美，希望同学们在放假的时候走出家门，到大自然中感受群落之美！ 课后作业 ① 回顾本节知识，列表比较陆地群落。 ② 假期约好友去野外郊游，观察周围的自然环境，思考：你身处哪种群落类型？判断依据是什么？该群落是否一成不变？如果有变化，能否预测其发展方向？（提示：参考教科书中的第四节"群落随时间变化有序地演替"）	关联情境，聚焦概念，可以帮助学生内化群落类型的知识，形成"群落中的生物具有与该群落环境相适应的形态结构、生理特征和分布特点"的概念，树立生命观念，发展科学思维，提升社会责任感。

（三）教学反思

本课时的亮点主要体现在三个方面：一是课堂教学繁简有序。因"群落的类型"这部分内容学生在初中科学学习时已有涉及，并且在高中地理课程中也已深入学习，所以该知识点我不再详细介绍。我通过重点分析群落中的生物具有与该群落相适应的生理结构、生活习性等，进一步发展了学生的进化与适应观等生命观念。二是课堂教学体现学生的主体地位。学生通过自主设计表格、自主学习、合作互动、交流评价等方式充分发挥了主观能动性。三是在课堂尾声部分，我邀请学生回归自然，感受群落之美，实现情感升华！

本课时存在的不足之处：一是我对学生的评价语言较为单一。我常使用"好的""很好"等语言，学生未能从中得到必要且明确的肯定。因此在后续教学中，我要善于使用更详细的激励性语言，利用赏识教育充分调动学生的积极性。二是教学设计偏保守。我在后续教学中可以尝试创新型课堂设计，让课堂更加生动、有趣。

（四）总体评析

本课时是本单元整体教学的第五课时，学生以小组为单位展开合作、交流和评价，凸显了学生的课堂主体地位。"课后作业"既是对本课时知识点的总结和提升，又为下一课时的知识埋下伏笔。本课时的教学设计和课堂实施表现出以下特点：

1. 单元情境首尾呼应。

本单元教学情境"预防蝗灾"学生并不陌生，学生能从网络、电视、期刊等各类途径了解到，因此，该情境能使学生快速兴奋，顺利进入课堂教学主题。本课时沿用单元情境，并以"蝗灾主要发生在草原"切入本课时主题"群落的类型"，最后以"蝗灾的治理"为情境评价学生的课堂学习效果，首尾呼应，直观、生动地激发了学生的学习兴趣。

2. 直观性教学锦上添花。

直观性原则是教学原则之一，教师通过图文、视频、实物、模型和丰富的语言引导学生获得直观感知。在课堂教学中，教师展示了不同类型的群落的照片，群落中具有代表性的动植物及其适应环境的特征的照片，如热带植物的板状根、荒漠中仙人掌的肉质茎、秋冬季羽毛不同的雷鸟等的照片，可以激发学生的学习兴趣和热情，提升学生观察的能力，促进学生对知识的理解和巩固。

3. 情感教育贯穿课堂教学。

情感教育是与认知教育相对的概念，是完整教育中必不可少的一部分。本课时教师不仅适时插入对学生的情感引领，同时做到润物细无声。任务1中有对我国群落类型的回顾和思考，任务2中穿插了我国特有的常见动植物的图文介绍，这些都可以帮助学生了解国情，感受大好河山之美，增强爱国主义情感。同时，任务2中大量精美的照片展示了风格迥异的陆地群落，以及群落中形态各异的动植物类型，这些无不向学生传递了一个信息：我们生活的环境如此之美丽，我们的"邻居"如此之可爱！我们怎能不热爱生命、热爱并不遗余力地保护我们赖以生存的地球！

4. 改进建议。

本课时采用自主设计、课堂分组、交流评价的方式落实群落类型的相关知识，虽可以充分体现学生的主体地位，也培养了学生自主学习的能力，但四种群落类型分别由四组代表依次上台展示分析，略显重复。此外，由于课堂时间有限，每个小组只能分析和认知一种群落类型，知识掌握不全面。因此，教师可以让学生课前按小组完成所有群落的比较分析，课堂上根据本组的任务，着重介绍某一种群落的特点。

（本课时由浙江省泰顺中学童莉里老师设计和执教）

课时 6　群落随时间变化有序地演替

（一）课时概念解析

本课时的概念为"一个群落替代另一个群落的演替过程，包括初生演替和次生演替两种类型"，该概念的建构需要以下基本概念或证据的支持：

1. 群落的演替是一个群落替代另一个群落的过程，包括初生演替和次生演替。
2. 群落演替是内因和外因相互作用、不同种群与环境相互适应的结果。

（二）课堂实录

教学环节	课　堂　实　录	专业点评
关联单元情境，提出核心问题	创设情境　近年来，全球气候变暖、人类对自然资源的不当开发利用，造成了生态环境被严重破坏，这给蝗虫灾害的发生创造了有利条件。蝗灾使上百万公顷的草地被摧毁，当摧毁程度超过一定阈值时就会导致草原荒漠化。 核心问题　在草原荒漠化的过程中，群落类型是否发生改变？该现象称为什么？	课时情境衔接单元情境，通过蝗灾加剧草原荒漠化的例子引出群落演替的概念。
任务1：探索次生演替的发生过程、特点和原因	呈现资料　视频：位于陕西省榆林市的毛乌素在魏晋南北朝时期是水草肥美的草原，唐朝年间开始沙化，北宋之后，气候恶劣、过度垦殖、连年战争加速了毛乌素的沙漠化，导致每年流入黄河的沙量达3500亿千克。中华人民共和国成立之后，在毛乌素地区投入大量人力、物力来实施退沙还草、退沙还林行动，至2020年，沙地治理率已达93%。 学生活动　根据视频，分析和回答以下几个问题： ① 在榆林市的毛乌素地区，从古至今依次出现了哪些群落类型？群落是否发生了演替？ ② 在演替过程中，群落的结构和物种丰富度如何改变？演替的原因分别是什么？ ③ 在改造毛乌素沙漠的过程中，当地对种植的树种有什么要求？ 呈现资料　柠条适应性强，成活率高，是中西部地区防风固沙、保持水土的优良树种。表1-4展示了人工种植柠条若干年后，毛乌素地区发生的群落演替现象。 学生活动　根据资料和表1-4的内容，分析和回答以下几个问题： ① 柠条作为毛乌素地区常见的人工种植树木，它具有哪些优点？ ② 从环境变化角度分析，人工种植柠条后为何会带动当地植物群落优势种的变化？	毛乌素地区的演替涉及两个方向，比较典型，这个例子可以激发学生的学习兴趣，同时还可以引导学生深入探讨群落的演替。

教学环节	课 堂 实 录	专业点评
任务1：探索次生演替的发生过程、特点和原因	表1-4　人工种植柠条后毛乌素沙漠恢复演替系列 | 建林时间	演替系列（优势种）	特　点
初期	虫实、狗尾草、猪毛菜	一年生的劣生草本
5年	虫实、狗尾草、苦豆子	耐沙埋、抗风蚀的优生植物苦豆子侵入
10年	沙蒿、白草、牛枝子	多年生草本、半灌木
17年	草木樨状黄芪、白草、赖草	多年生草本、半灌木 | **师生总结**　人工种植柠条可以起到防风固沙的作用，在逐渐改变沙质的同时能够在一定程度上保持土壤的水分，为多年生草本和灌木的生长创造条件。群落演替是生物不断改造环境并适应环境的过程，是一种优势种不断取代另一种优势种的过程。	科学数据可以让学生进一步了解群落类型发生改变时群落内部结构的具体变化。同时，对于人工造林后当地群落优势种变化原因的讨论，能帮助学生感悟环境改变与优势种变化之间的联系。
任务2：探索初生演替的发生过程、特点、原因和证据	**教师提问**　围栏封育是治理草原荒漠化的另一项重要措施。内蒙古草原的一块弃耕农田就经历了一年生杂草、多年生杂草阶段，最终回到原先的贝加尔针茅草原群落。请思考： 内蒙古草原弃耕农田在人们不管不顾的情况下可以演替到贝加尔针茅草原群落，为什么前期无人工干扰的毛乌素沙漠不能回到最初的草原状态？ **过渡**　弃耕农田上还有一定的土壤基质和生命体，如有生存力的孢子和种子等，在此基础上的演替类型称为次生演替；而在沙漠的沙丘区域进行人工造林是在没有生命体的基础上推进的演替，是初生演替。初生演替的时间更长。 **学生活动**　根据裸岩演替和湖泊演替的自制图文材料，完成以下几个活动： ①将裸岩演替和湖泊演替的各阶段图片进行排序。 ②将图片和文字一一对应。 ③从环境和植物适应能力等角度说明排序的理由。 **呈现资料**　裸岩演替的证据：空间代替时间法。阿拉斯加冰川湾国家公园是世界上独一无二的冰川国家公园，由于地球目前处于小冰川期，该冰川公园正以每年1.6千米的速度朝北退去。当游客沿着	通过次生演替内容的学习，学生已经树立群落演替是生物改变环境、适应环境的生命观念。建议教师在分析两种初生演替的过程和原因时，放手让学生自主学习、小组讨论，最终汇报学习成果，这可以有效激发学生的学习热情。 教师从实证的角度帮助学生理解演替的发生。

续表

教学环节	课 堂 实 录	专业点评
任务2：探索初生演替的发生过程、特点、原因和证据	冰川后退的路径，从冰川最早退出的山脚前行至冰川刚退去的火山岩时，能依次看到温带阔叶林、针阔叶混交林、落叶灌木林、草原、地衣苔原。 **评价** 根据初生演替和次生演替的特点，对下列演替实例的类型进行判断： ① 印度尼西亚婆罗洲东部热带雨林发生火灾，3 年后长出次生林。 ② 印度尼西亚喀拉喀托火山爆发，50 年后长出小树林。 ③ 印度一对夫妻买下一块荒地，闲置 15 年后，荒地蔚然成林，并有大量野生动物涌入。 **教师提问** ① 为何喀拉喀托在火山爆发后 50 年才长出小树林，而婆罗洲东部热带雨林在发生火灾后 3 年就能长出次生林？ ② 和我国内蒙古草原弃耕农田上发生的演替相比，印度荒地上发生的演替同样是弃耕农田类型的演替，为何二者的演替结果不同？ **学生活动** 思考并回答上述问题。 **教师总结** 群落会演替到顶极群落，顶极群落的类型取决于平均温度和年降雨量。印度某夫妻利用自然力量让荒地发生了神奇的变化。他们在面对高昂的竞买价格时不为所动，因为他们这么做只是出于自己对自然和野生动物的热爱。请思考人类活动在群落演替过程中的作用。 **学生活动** 列举说明人类活动在群落演替过程中的积极影响或消极影响。	典型例子可以让学生了解不同地区上发生的不同类型的演替，激发学生的社会责任感，并可以由此引出顶极群落的概念。
任务3：比较种群和群落两个系统	**教师提问** 群落演替时，随着植物的发展变化，群落中的其他生物是否也会发生变化？ **学生总结** 群落演替时，植物为动物提供食物和栖息场所，所以微生物、昆虫、鸟类的数量和种类也会发生相应的变化。 **评价活动** 在草原沙化过程中，植被的高度、覆盖度以及生物多样性如何变化？这与蝗灾的爆发又有何联系？结合演替规律提出预防蝗灾发生的相关措施。 **学生总结** 草原因过度放牧使得植被高度和覆盖度降低，出现越来越多的裸地，这为蝗虫的产卵以及卵块的孵化提供了场所。同时生物多样性的减少也导致蝗虫天敌减少，这些都为草原蝗灾的爆发创造了适宜的条件。所以禁牧、退牧、轮牧遏制草原的沙化，破坏蝗虫产卵、孵化的条件等措施可以预防蝗灾的发生。 **教师提问** 群落演替与种群数量增长是否有相似之处，二者有何联系？ **师生总结** 群落和种群都是在不断发展、变化的，二者是不同层次上的两个动态系统。种群数量的增长最终会达到稳定，围绕环境容纳量上下波动；群落在自然情况下的演替也会达到平衡状态即顶	教师从演替过程中植物对其他生物的影响深入分析草原沙化对蝗灾爆发的影响，让学生从不同层次理解种群和群落两个生命系统，发展学生的系统思维。

单元 1　不同种群的生物在长期适应环境和彼此相互适应的过程中形成动态的生物群落

续表

教学环节	课　堂　实　录	专业点评
任务3：比较种群和群落两个系统	极群落；种群环境容纳量的大小取决于环境中的外源性因素和种群自身的内源性因素，而群落演替最终达到顶极群落的类型取决于当地的气候和土壤条件。同时，群落演替是内部不同种群数量发生质变的过程，是入侵植物种群数量不断增长而成为优势种，原先的优势种种群数量不断下降的过程。由此可见，两个系统密切关联。 **课后作业** 查阅资料，结合案例撰写小论文说明人类活动对群落演替的影响。	

（三）教学反思

本课时的亮点主要体现在三个方面：一是课时情境与单元情境的高度契合。草原群落在发生逆行演替的过程中，优势植物的高度逐渐下降，越来越多的空地成为蝗虫产卵和交配的场所，蝗虫的出生率提高，同时植被的退化导致蝗虫的天敌越来越少，蝗虫的死亡率降低，由此学生就可以从群落演替的规律出发进行逆向思考，找到对应的蝗灾预防措施。二是教学过程以学生为中心。我基于丰富的情境设计问题串，既关注学生学习的起点，又关注学生学习的落脚点，还利用自制图文材料包让学生真正地参与活动。其中，这个活动的原因分析激发了学生的思维，帮助学生深入理解群落演替是生物不断适应和改造环境的过程。此外，我还引导学生基于丰富的素材进行讨论，在落实知识点的同时注意学生的情感提升、思维训练和素养落地。三是评价主体多样化。本课时注重学生评价，例如在展示裸岩演替和湖泊演替的活动中，我鼓励其他小组的学生进行点评和补充，从而让学生真正成为课堂主体。

本课时存在的不足之处：本课时素材过于丰富，若能以更集中的素材贯穿整个内容的学习，效果会更好。另一方面，学生在思考、讨论人类活动对群落演替的影响时，讨论得略显浅显。

（四）总体评析

本课时是本单元的最后一个课时，教师在关注"不同种群的生物在长期适应环境和彼此相互适应的过程中形成动态的生物群落"重要概念的建构时，也注重了各知识点的整合，以"情境—任务—活动—评价"为主线展开教学，帮助学生建构概念，发展学生的核心素养。本课时的教学设计和课堂实施表现出以下特点：

1. 在对丰富资料的讨论中树立生命观念。

教师通过对毛乌素地区种植柠条后带动当地优势植物变化的原因分析，让学生理解在植树造林的过程中，植物具有防风固沙、截留雨水的作用，同时枯落物能够增加土壤中的腐殖质和无机盐含量，不断改善环境，而环境逐渐被改善的过程亦是其他优势植物不断入侵的过程，由此让学生了解群落演替是生物不断适应环境和改造环境的过程。而在任务2基于自制图文材料包的学生活动中，教师鼓励学生运用进化与适应观来解释演替过程中依次出现的各个阶段，引导学生学以致用。

2. 在活动中发展科学思维。

作为本单元的最后课时，本课时关注种群和群落之间的联系。教师引导学生从种群和群落是两个不同生命系统的角度来理解问题，让学生在不断地比较和深入思考的过程中发展系统思维。在学生分析推理出初生演替的各个阶段后，教师利用空间代替时间法进行佐证，从而帮助学生掌握综合分析和论证的科学思维方法。

3. 改进建议。

教师可以尝试从学生身边的例子出发进行教学。例如当地在大力发展旅游业时，虽然经济发展了，但生态环境也遭到了破坏，由此引导学生根据演替的规律，尝试站在不同立场上探讨如何兼顾生态效益和经济效益。

（本课时由浙江省文成中学陈琼老师设计和执教）

单元 2

生态系统是生物群落与非生物环境相互作用的一个整体

专家解读

一、单元教学分析

生态系统由生产者、消费者、分解者等生物成分和阳光、空气、水等非生物成分组成，各组分紧密联系使之成为具有一定结构和功能的统一体，生态系统中生产者和消费者通过食物链、食物网联系在一起形成复杂的营养结构，某些有害物质会通过食物链不断地富集。生态系统中的能量在生物群落中单向流动并逐级递减，生态系统中的物质在生物群落和无机环境之间不断循环。生态系统各营养级间的个体数量、生物量和能量方面的关系可用生态金字塔表征，生态系统中物理、化学和行为信息的传递对生命活动的正常进行、生物种群的繁衍和种间关系的调节起着重要作用。利用能量流动规律、物质循环规律和信息传递原理，人们能够更加科学、有效地利用生态系统中的资源。

通过初中科学和单元 1 的学习，学生对种群、群落、生态系统的结构和功能已经有了初步的认识，也具备了一定的科学探究能力和科学思维。教师需要引导学生运用归纳与概括、系统分析等方法认识和解决生物群落与其生存环境的相关问题，进一步深化生物与环境相互作用的系统观、结构与功能观、稳态与平衡观，并尝试运用这些观念分析和解决生态学实际问题。

二、单元概念解构

本单元聚焦课程标准中的重要概念"生物群落与非生物的环境因素相互作用形成多样化的生态系统，完成物质循环、能量流动和信息传递"。该重要概念是在"不同种群的生物在长期适应环境和彼此相互适应的过程中形成动态的生物群落"这一重要概念的基础上形成的，并支持重要概念"生态系统通过自我调节作用抵御和消除一定限度的外来干扰，保持或恢复自身结构和功能的相对稳定""人类活动对生态系统的动态平衡有着深远的影响，依据生态学原理保护环境是人类生存和可持续发展的必要条件"的学习。这 4 个重要概念共同支撑"生态系统中的各种成分相互影响，共同实现系统的物质循环、能量流动和信息传递，生态系统通过自我调节保持相对稳定的状态"这一大概念的建构。本单元对应"生态系统由生产者、消费者和分解者等生物因素以及阳光、空气、水等非生物因素组成，各组分紧密联系使生态系统成为具有一定结构和功能的统一体""生态系统中生产者和消费者通过食物链和食物网联系在一起形成复杂的营养结构""特定生态系统的生物与非生物因素决定其营养结构""某些有害物质会通过食物链不断地富集""生态金字塔表征了食物网各营养级之间在个体数量、生物量方面的关系""生态系统中的物质在生物群落与无机环境之间不断循环、能量在生物群落中单向流动并逐级递减""利用物质循环和能量流动规律，人们能够更加科学、有效地利用生态系统中的资源""生态金字塔表征了食物网各营养级之间在能量方面的关系""生态系统中物理、化学和行为信息的传递对生命活动的正常进行、生物种群的繁衍和种间关系的调节起着重要作用"这 8 个次位概念。这些概念之间的关系如图 2-1 所示。

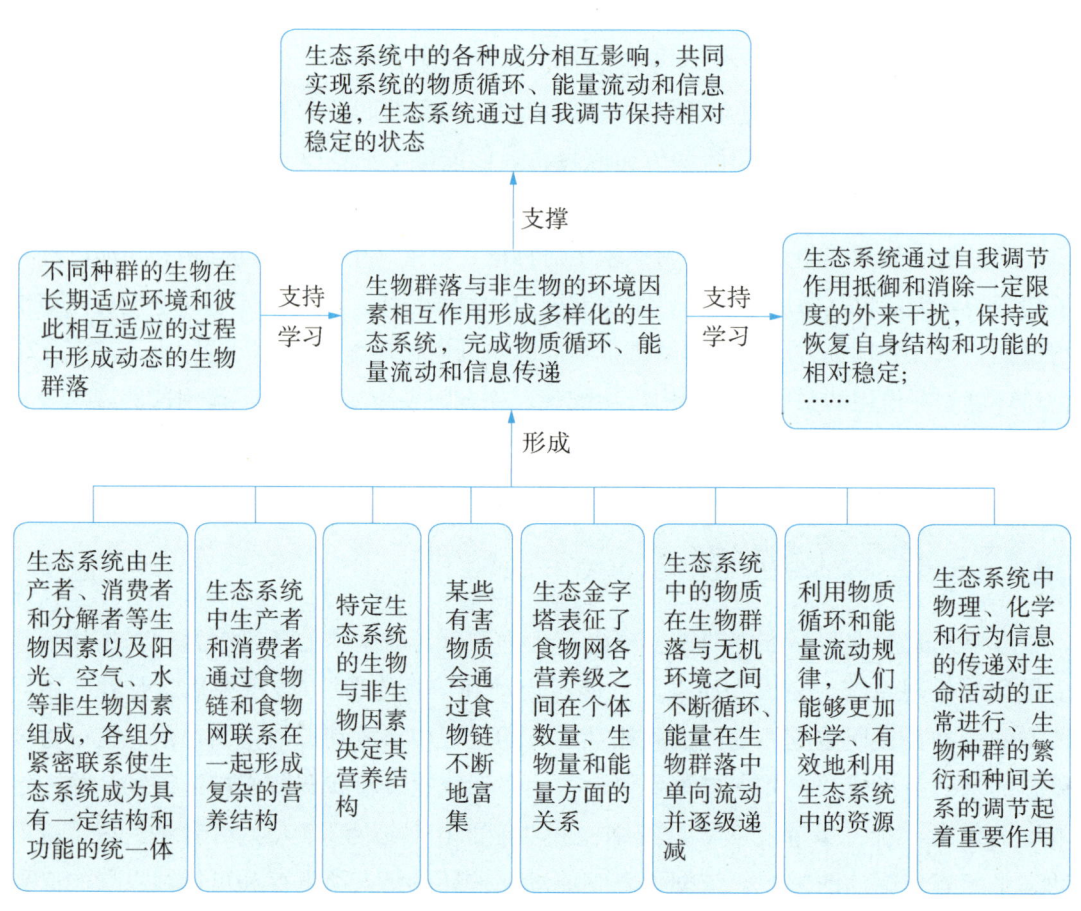

图 2-1　单元 2 相关概念间的关系

三、单元目标

（一）学习目标

1. 通过生态系统组成成分、食物链、营养级和生态金字塔等的分析，认识系统各组分间的结构关系，及各组分共同实现生态系统能量流动、物质循环和信息传递的功能，丰富对生命系统层次的认知，发展结构与功能观、物质与能量观、稳态与平衡观。

2. 通过构建生态系统生物量、个体数量和能量的金字塔模型，学习模型分析方法，认识生命系统与环境的关系，掌握分析与推理、模型与建模等科学思维方法。

3. 通过设计和制作生态瓶的活动，调查、分析生态瓶的结构和功能，并进行小组合作与交流、方案设计与实施、数据整理与分析、活动评价与反思，发展科学探究能力。

4. 通过分析、讨论有害物质经食物链富集、碳循环失调与温室效应、能量流动和物质循环等规律的实践应用，进一步认识人类活动与生态系统的关系，关注环境保护、农业生产等社会议题。

（二）评价目标

1. 能从结构与功能观、物质与能量观的视角，解释生态系统能量流动、物质循环和信息传递等功能的特点是由生态系统组成成分、营养结构和生物代谢等的特点决定的。需要具备生命观念的三级水平。

2. 能用图示等方式表征生态系统物质循环、能量流动和信息传递的过程和特点；能通过数据分析、归纳和推理构建生态系统生物量、个体数量和能量的金字塔模型。需要具备科学思维的三级水平。

3. 能调查某一具体生态系统中的能量流动情况，设计切实可行的调查方案；能如实记录并阐明实验结果，并能运用数学方法进行分析。需要具备科学探究的三级水平。

4. 能分析有害物质富集、碳循环失调对人类的危害，养成保护环境、维护生态平衡的习惯；能运用能量流动、物质循环的规律对生态工程在农业生产中的应用做出合理的分析和判断，树立人与自然和谐发展以及可持续发展的观念。需要具备社会责任的二级水平。

四、单元教学思路

（一）单元情境

始丰溪国家湿地公园位于浙江省天台县，始丰溪湿地生态系统有树林、草地、河流等多种小生境。

(二)核心任务

分析始丰溪湿地生态系统的组成、各组分之间的结构关系，以及该生态系统物质循环、能量流动和信息传递的特点，运用系统分析方法建构本单元的概念，尝试运用相关概念解决实际问题。

(三)教学流程

以支撑本单元重要概念所需的次位概念为课时学习主题，课时教学以问题、任务、活动与评价为主线展开。本单元分为6个课时，教学流程如图2-2所示。

图 2-2 单元 2 教学流程

五、课时教学实例

课时1 群落与非生物环境组成生态系统，食物链和食物网形成生态系统的营养结构

课堂实录

（一）课时概念解析

本课时的次位概念为"生态系统由生产者、消费者和分解者等生物因素以及阳光、空气、水等非生物因素组成，各组分紧密联系使生态系统成为具有一定结构和功能的统一体""生态系统中生产者和消费者通过食物链和食物网联系在一起形成复杂的营养结构""特定生态系统的生物与非生物因素决定其营养结构""某些有害物质会通过食物链不断地富集""生态金字塔表征了食物网各营养级之间在个体数量、生物量方面的关系"。这些概念的建构需要以下基本概念或证据的支持：

1. 生态系统中的生物成分包括生产者、消费者和分解者。
2. 生态系统中的非生物成分包括阳光、空气、水等。
3. 生物圈是地球上最大的生态系统。
4. 生态系统生物间单向的营养关系形成食物链和食物网。
5. 某些有害物质会通过食物链不断地富集。
6. 生态系统各营养级间的生物量或个体数量关系呈金字塔形。

（二）课堂实录

教学环节	课 堂 实 录	专业点评
关联单元情境，提出核心问题	**呈现资料** 学生拍摄的关于始丰溪国家湿地公园中部分生物及其生活环境的视频。 **引导** 始丰溪湿地生态系统是一个开放的生命系统，可采用系统分析法分析它的结构和功能。系统分析法包括定性分析、定量分析、模型分析、系统结构优化四个阶段，定性分析包括划分系统边界、确定系统组分、分析系统结构层次等，定量分析是基于数学工具定量研究各组分间的关系、建立系统数学模型的过程。 **核心问题** 始丰溪湿地生态系统的边界、组成成分和营养结构是怎样的？	创设情境，初构概念。教师基于真实情境，提出核心问题，明确学习目标。

续表

教学环节	课 堂 实 录	专业点评
任务1：构建模型，探究生态系统的组成成分及各组分之间的关系	**引导** 系统分析通常先从系统整体出发，再分析系统内部的结构与功能，以及系统与外部环境的关系。我们先来研究系统的整体。 思考： ① 什么是生态系统？ ② 如何划分生态系统的边界？ **学生活动** 联系已有知识，思考以上问题得出结论： ① 生态系统是在一定空间内，由生物群落与非生物环境相互作用而形成的统一整体。 ② 生态系统的边界就是生态系统的空间范围，它是一个模糊的概念，可以根据研究的需要划定，因此生态系统的范围有大有小，生态系统的类型具有多样性。生物圈是地球上最大的生态系统。 **呈现资料** 视频：所有生物共同的家园——生物圈。 **引导** 从视频中我们了解到生物圈是地球上有生物存在的部分。作为消费者的一员，人类和其他生物共享同一个生物圈，人类的生存和发展离不开生物圈。目前，生物圈正面临温室效应、海洋污染等诸多环境问题，所以我们有必要更深入地了解生态系统的结构和功能，为保护我们的地球家园贡献自己的力量。 **过渡** 系统内部的结构与功能是怎样的？我们以始丰溪湿地生态系统为研究对象展开讨论。 **呈现资料** 始丰溪湿地生态系统中的部分生物及其食性（表2-1）。 表2-1 始丰溪湿地生态系统中的部分生物及其食性 | 生物种类 | 消化道内的食物 | |---|---| | 草鱼 | 水草 | | 鲫鱼 | 水草、小虾 | | 小虾 | 浮游生物 | | 蚯蚓 | 腐殖质 | | 白鹭 | 鱼、虾 | **教师提问** 始丰溪湿地生态系统中有哪些生物成分？请按照生物的营养方式对表2-1中的生物进行归类，并做出解释。 **学生活动** 阅读教科书中的"生态系统中的生物成分包括生产者、消费者和分解者"内容，并根据生物的营养方式对表2-1中的生物进行归类，得出结论： 水草、浮游植物属于生产者，是能利用太阳能等能量，将无机物合成有机物的自养生物；草鱼、鲫鱼、小虾、白鹭属于消费者，是能直接或间接利用生产者合成的有机物维持自身生命活动的异养生物；蚯蚓属于分解者，是能将动植物的残体、粪便和各类复杂有机物分解为无机物的异养生物。 **教师提问** 各生物成分在生态系统中的地位和作用是怎样的？	运用系统分析法学习生态系统，可以帮助学生领悟系统方法的思想，初步学会从系统的整体出发，分析整体与局部、部分与部分、整体与外部环境之间的相互关系。 本环节既落实了生物圈的概念，又引导学生关注全球性的生态环境问题，有助于学生提升社会责任感。 活动论证，重构概念。讨论和分析生态系统中各成分的作用和地位，可以帮助学生发展归纳、总结等能力。

续表

教学环节	课 堂 实 录	专业点评
任务1：构建模型，探究生态系统的组成成分及各组分之间的关系	**学生活动** 联系已有知识，思考得出结论： 生产者是生态系统中最主要的生物成分，它将无机物制造成有机物，将光能转化为化学能；各级消费者通过食物关系促进了物质循环和能量流动；分解者也是生态系统中不可缺少的生物成分，它能促进动植物遗体和排泄物的再循环，为生产者提供无机物。 **教师提问** 除了生物成分，生态系统还有哪些成分？它们对生态系统来说是不可缺少的吗？为什么？ **学生活动** 联系已有知识，思考得出结论： 生态系统除了生物成分，还有阳光、空气、水等非生物成分，它们也是不可缺少的。因为每个生物体的生存都离不开物质和能量，阳光为光合作用提供能量，空气为光合作用提供二氧化碳、为细胞呼吸提供氧气，水是所有生物生存必需的物质。 **任务驱动** 生态系统各组分之间是什么关系？请参照一般系统的结构模式图（图2-3）开展小组讨论，用箭头和文字画出生态系统中各组分的相互关系图。 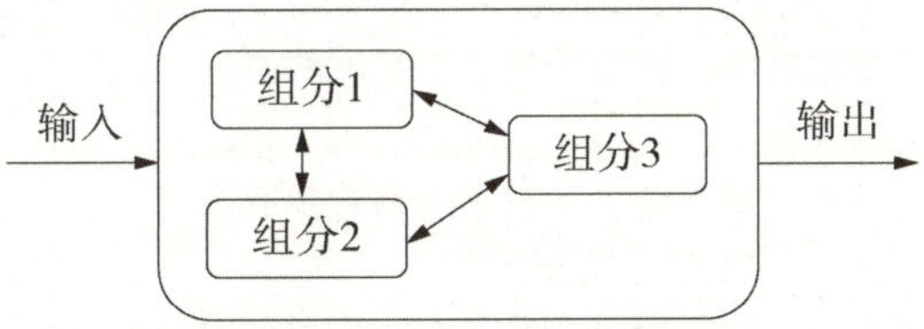 图2-3 一般系统的结构模式 **学生活动** 小组合作探讨，画出生态系统中各组分之间的相互关系图。其中一个小组的代表在黑板上利用自制磁贴教具及相应文字、箭头构建生态系统各组分间的相互关系图解，其余小组在单元学习任务单上写出各组成成分的名称，用箭头表示不同组分之间的关系。比较、讨论、互评和修正，以形成完整的关系图。学生构建的概念图如图2-4所示。 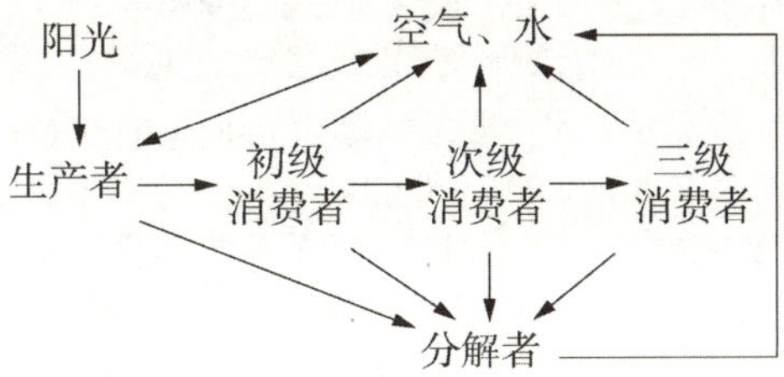 图2-4 生态系统组成成分的相互关系	整合建模，架构概念。构建生态系统各组分之间相互关系的模型，可以让学生掌握模型与建模的科学思维方法；利用模型结构化整合概念，可以让学生领悟到系统组分的地位和作用，树立结构与功能观、物质与能量观、稳态与平衡观。

续表

教学环节	课 堂 实 录	专业点评
任务2：绘制食物链和食物网，探究生态系统的营养结构	**教师提问** 始丰溪湿地生态系统具有怎样的营养结构？分析表2-1中部分生物之间的食物关系，你能画出多少条食物链？ **学生活动** 绘制食物链和食物网，与其他同学画出的食物链进行比较，分析各自的食物链是否需要修改，完善食物链和食物网。 **教师提问** ① 食物链的类型有哪些？ ② 为什么食物链会彼此交错形成食物网？ ③ 什么是营养级？ ④ 为什么食物链上一般不超过五个营养级？ **学生活动** 阅读教科书中的"生态系统各生物之间单向的营养关系形成食物链和食物网"内容，归纳得出结论： ① 食物链的类型较多，以生产者为起点的称为捕食食物链，以死亡生物或现成有机物为起点的称为腐食食物链。 ② 一种生物可能是多种生物的食物，也可能以多种生物为食，因此食物链彼此交错形成食物网。 ③ 营养级是处于食物链某一环节上的全部生物的总和。 ④ 食物链上一般不超过五个营养级是因为营养级的位置越高，生物种类、个体数量和能量就越少，当少到一定程度的时候，就不可能再维持下一营养级的存在。 **教师提问** 食物网的复杂性对于解决生态学问题有什么启示？ **学生活动** 联系已有知识，思考得出结论： 如果一条食物链中的某种生物减少或消失，它的位置可能会被其他生物取代，所以错综复杂的食物网是生态系统保持相对稳定的重要条件，物种越丰富，食物网越复杂，抵抗外界干扰的能力就越强。我们要特别重视生物多样性的保护，规划人工生态系统时要混种混养，提高生态系统的自我调节能力。	活动论证，重构概念。学生通过分析、归纳绘制了食物链和食物网，通过比较和评价认识了前概念的不足，进而建构科学概念。这个过程既有助于深化学生的结构与功能观等生命观念，又有助于发展学生的科学思维和科学探究能力。
任务3：分析资料，建构"生物富集"的概念	**过渡** 我们已经定性分析了系统的边界、系统的组分及其相互关系和系统的结构层次，在定性分析的基础上进行定量分析可以使结论更科学、更准确。各营养级之间会存在哪些数量关系？ **呈现资料** 汞及其化合物进入水体后，汞离子会被生物体吸收，转变为毒性更大的有机汞，有机汞会对脑等组织、器官造成损害。科学家通过对某水域的研究显示，水中汞的浓度为 0.0001 mg/kg 时，浮游生物体内有机汞的含量可达 0.001～0.002 mg/kg，一些取食浮游生物的小鱼体内可达 0.02～0.05 mg/kg，而在一些取食小鱼的大鱼体内可达 1～5 mg/kg，大鱼体内的汞比水中含汞量高 1 万～5 万倍。 **教师提问** 汞等某些有害物质可能通过哪些途径进入生物体？它在生物体内的含量与生物体所处的营养级有怎样的关系？为什么？	

续表

教学环节	课 堂 实 录	专业点评
任务3：分析资料，建构"生物富集"的概念	**学生活动** 分析资料，阅读教科书中的"某些有害物质会通过食物链不断地富集"内容，归纳得出结论： 汞等某些有害物质进入生物体的途径主要有两条：一是经植物根系或动物体表直接从环境中被摄入，二是通过食物链被摄入。汞等有害物质的含量会随营养级的增加逐级积累和浓缩，即通过食物链不断地富集，可能是因为随着营养级的增加，生物量减少，代谢排出的有害物质减少。 **引导** 生物体从周围环境中吸收、积累某种元素或难以降解的化合物，使其在机体内浓度超过环境浓度的现象，称为生物富集。生物富集有何危害？它给我们什么启示？ **学生活动** 联系已有知识，思考得出结论： 难以降解的有害物质通过大气、水和生物等载体扩散到世界各地，会造成全球性的环境污染。启示：减少甚至禁止这些有害物质的使用，研制可降解的杀虫剂，推广生物防治技术……	活动论证，重构概念。教师引导学生从现象到本质，运用科学思维分析汞含量沿食物链逐级增加的原因；通过讨论生物富集对人类和环境的危害，进一步引导学生关注环境问题，提升社会责任感。
任务4：构建模型，分析生态系统各营养级间生物量和个体数量的关系	**过渡** 定量分析以数学模型为中心，进行模型分析可将复杂的数据简化处理，能更直观地展示生态系统各营养级之间各项指标的变化情况。构建模型时，我们可将单位时间内各营养级的相关数据转化为相应面积（或体积）的图形，并将图形按照营养级的次序排列。 **教师提问** 通常可采用哪些指标来表示生态系统各营养级间的数量关系？ **学生活动** 阅读教科书中的"生态系统各营养级间的生物量或个体数量关系呈金字塔形"内容，归纳总结： 各营养级间的数量关系通常可采用生物量、个体数量或能量来表示。生物量是指生物在某一特定时刻，单位面积或单位体积内实际存在的有机物质的鲜重或干重总量。 **呈现资料** 某一时刻调查得到的始丰溪湿地生态系统中部分区域的生物量或个体数量（表2-2）。 表2-2 始丰溪湿地生态系统部分区域的生物量或个体数量 	指　标	生产者	初级消费者	次级消费者	三级消费者
---	---	---	---	---
草地的生物量／($g \cdot m^{-2}$)	809	37	11	1.5
湖泊的生物量／($g \cdot m^{-2}$)	4	21	—	—
草地的个体数量／(个体数·$0.1\ hm^{-2}$)	1500000	200000	9000	1
林地的个体数量／(个体数·$0.1\ hm^{-2}$)	200	150000	—	—		

续表

教学环节	课堂实录	专业点评
任务4：构建模型，分析生态系统各营养级间生物量和个体数量的关系	**学生活动**　选择一组数据，尝试用生态金字塔表征这些数量关系。小组合作分析这些数量关系，画出生物量或个体数量金字塔，展示结果并交流、比较、评价和修正。学生绘制的金字塔：图2-5。 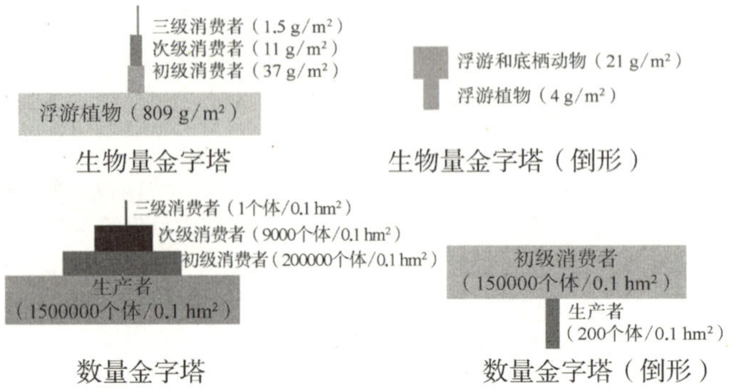 三级消费者（1.5 g/m²） 次级消费者（11 g/m²） 初级消费者（37 g/m²） 浮游植物（809 g/m²） 生物量金字塔 浮游和底栖动物（21 g/m²） 浮游植物（4 g/m²） 生物量金字塔（倒形） 三级消费者（1个体/0.1 hm²） 次级消费者（9000个体/0.1 hm²） 初级消费者（200000个体/0.1 hm²） 生产者（1500000个体/0.1 hm²） 数量金字塔 初级消费者（150000个体/0.1 hm²） 生产者（200个体/0.1 hm²） 数量金字塔（倒形） 图2-5　生物量和数量金字塔 归纳得出结论：生态系统的生物量金字塔和个体数量金字塔往往是下宽上窄的正金字塔形，但它们也都有可能呈倒金字塔形。生物量呈倒金字塔形的原因可能是湖泊中的生产者主要是个体小、繁殖快、含纤维素少、世代周期短、积累的有机物少、可被浮游动物整个吞食的单细胞藻类。生物量呈倒金字塔形的原因可能是生产者数量少但个体非常大。 **下节导引**　生态系统的能量金字塔又是怎样的？我们学习了生态系统的能量流动后将继续探讨。	将复杂的数据转换成简单的图形，进而得出规律，这样处理符合学生的科学认知规律，并且更容易被学生接受和理解。
任务5：概念整合，构建单元概念图	**学生活动**　归纳整理核心知识，在单元学习任务单上用文字和箭头将与本课时相关的概念图补充完整（图2-6）。 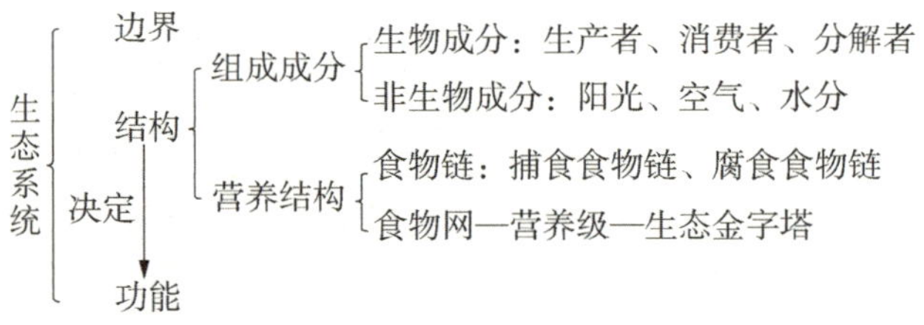 生态系统 　边界 　结构 　　组成成分 　　　生物成分：生产者、消费者、分解者 　　　非生物成分：阳光、空气、水分 　　营养结构 　　　食物链：捕食食物链、腐食食物链 　　　食物网—营养级—生态金字塔 　决定 　功能 图2-6　生态系统的组成成分和营养结构	整合建模，架构概念。绘制概念图可以帮助学生更好地理解相关概念及概念的相互关系，掌握归纳和概括等科学思维方法。
概念应用，交流评价	**学生活动**　设计并制作生态瓶，从生态系统组成成分和营养结构的角度设计制作方案，从成本、材料等角度考虑制约因素，预期生态瓶可以正常运转的时间。 **交流评价**　从生态瓶制作方案的合理性、生态瓶中生物的种类和数量、营养关系、材料及成本等方面设计评价方案，并观摩、比较、评价和修正。	迁移拓展，创构概念。动手实践类活动以及交流和分享可以让学生产生新的体验、新的问题、新的思考，使概念得以拓展和创新，为学习提供动力和源泉。

（三）教学反思

本课时的亮点主要体现在两个方面：一是运用系统分析法帮助学生领悟系统方法的思想。我首先引导学生通过定性分析划分始丰溪湿地生态系统的边界，确定生态系统的组成成分和营养结构，深化学生的结构与功能观、物质与能量观、稳态与平衡观等生命观念；然后通过定量分析、模型构建活动，发展学生的科学思维、科学探究能力。二是运用真实情境架起知识世界和生活世界的桥梁。我以始丰溪湿地生态系统构建单元情境，探讨生态系统的组成成分及组成成分间的相互关系，并构建其中的食物链和食物网；通过对生物圈现存问题的讨论以及生物富集危害的分析，引导学生进一步关注环境问题，自觉履行社会责任。

本课时存在的不足之处：在构建生态系统各组分间相互关系的模型时，由于问题指向不够清晰，学生活动、交流和评价等环节花费了较多的时间，这对本课时的连贯性造成了一定的影响；我在评价学生活动时比较重视活动的结果，对系统模型构建过程的评价有待提升。

（四）总体评析

本课时是本单元的第一课时，向上承接着"群落随时间变化有序地演替"课时，向下承接着"生态系统中的能量单向递减流动"课时。本课时教师以活动和问题链为载体，运用系统分析法，引导学生从整体到局部对生态系统的结构进行定性分析、定量分析和模型分析。本课时的教学设计和课堂实施表现出以下特点：

1. 基于真实情境的学习，发展学生解决实际问题的能力。

真实情境能有效地引起学生的注意力，是架构知识世界和生活世界的桥梁，有利于学生将理论知识转化成问题的解决能力。本课时围绕始丰溪湿地生态系统这一自然生态系统展开探究，课前学生利用课余时间对始丰溪湿地生态系统展开了实地调查，调查结果既用于生态系统成分的分析，又用于食物网的构建，这让学生全程都有参与感、获得感和成就感，促使他们在学习过程中深化了结构与功能观、物质与能量观等生命观念。

2. 基于建模活动，发展学生的科学思维和科学探究能力。

模型是对认识对象所做的一种简化性描述。学生要想构建合理的模型，必须先经过观察、判断、推理等过程形成一个抽象的概念，再利用一定的形式将抽象的概念具体化。本课时学生构建了生态系统各组分相互关系模型、食物网模型以及各营养级间的生物量和数量金字塔模型，充分发挥了学生的科学思维和科学探究能力；通过对模型的自评、互评和修正，学生提升了合作和交流、反思和评价、发现问题和解决问题的能力。

3. 改进建议。

若教师能利用更加丰富、合理的真实素材，结合多个角度的呈现，则学生可以更好地理解知识和生活。建议教师改进课堂评价、模型修正等环节，设计更科学的活动过程评价量表，以进行更为充分的活动过程评价。教师做到指导到位而不越位，真正打造"以学生为主体"的高效课堂。

（本课时由浙江省天台中学齐育平老师设计和执教）

课时2、3 生态系统中的能量单向递减流动

（一）课时概念解析

课时2、3的次位概念为"生态系统中的能量在生物群落中单向流动并逐级递减""利用能量流动规律，人们能够更加科学、有效地利用生态系统中的资源""生态金字塔表征了食物网各营养级之间在能量方面的关系"。这些概念的建构需要以下基本概念或证据的支持：

1. 初级生产量是生态系统的基石。
2. 生态系统的能量流动包括能量输入、传递和散失的过程。
3. 能量在生态系统中沿食物链单向流动、逐级递减。
4. 生态系统中的能量流动呈金字塔形。
5. 人类将生态系统中的能量流动规律应用于农业生产中。

（二）课堂实录

教学环节	课　堂　实　录	专业点评
关联单元情境，提出核心问题	**呈现资料**　学生拍摄的关于始丰溪国家湿地公园中各种动物捕食过程的视频。 **引导**　我们已经阐明了始丰溪湿地生态系统的边界、组分以及结构层次，接下来我们一起分析生态系统的功能。生态系统的功能包括能量流动、物质循环、信息传递等。一切生命活动都伴随着能量的变化，能量流动就是生态系统中能量的输入、传递、转化和散失的过程。研究能量流动时，可以在食物链层次上研究能量流经一个种群的情况，也可以在生态系统层次上将一个营养级中的所有种群作为一个整体来研究。 **核心问题**　能量在生态系统中是怎样流动的？研究能量流动有什么实践意义？	呈现情境，初构概念。教师以单元情境创设真实的课时情境，提出核心问题，明确学生的学习目标。

续表

教学环节	课 堂 实 录	专业点评
任务1：分析生态系统能量流动的过程和规律	**教师提问**　如果将一个营养级中的所有种群作为一个整体来研究，始丰溪湿地生态系统中能量流动的渠道和起点分别是什么？ **学生活动**　分析在生态系统层次食物链的表述方式，思考得出结论：能量流动的渠道是：生产者（绿色植物）→初级消费者（植食动物）→次级消费者（肉食动物）→三级消费者（肉食动物）。能量流动的起点是生产者固定的太阳能。 **任务驱动**　能量沿营养级流动时，各营养级能量的来源是哪里？储存在哪里？又有哪些去处？阅读教科书中的"初级生产量是生态系统的基石""图3-9　初级生产量的生产""图3-10　松鼠的代谢利用"，用文字和箭头画出某一营养级能量的来源和去路。 **学生活动**　两个小组的代表在黑板上分别画出第一营养级、第二营养级能量的来源和去路，其余小组在白板上完成画图。展示、评价、修正后形成清晰的思路。学生构建的模型：图2-7。 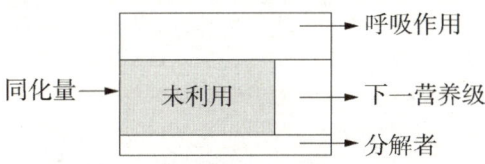 图2-7　营养级能量的来源和去路 **过渡**　我们已经定性分析了能量流动的渠道、生态系统能量流动的起点、各营养级能量的来源和去路，为使分析更科学、更准确，我们接下来定量分析生态系统的能量流动过程。 **呈现资料**　图2-8为赛达伯格湖能量沿营养级流动的定量分析示意图，其中初级消费者的摄入量为92.4 J/（m²·a），次级消费者的摄入量为14 J/（m²·a）。 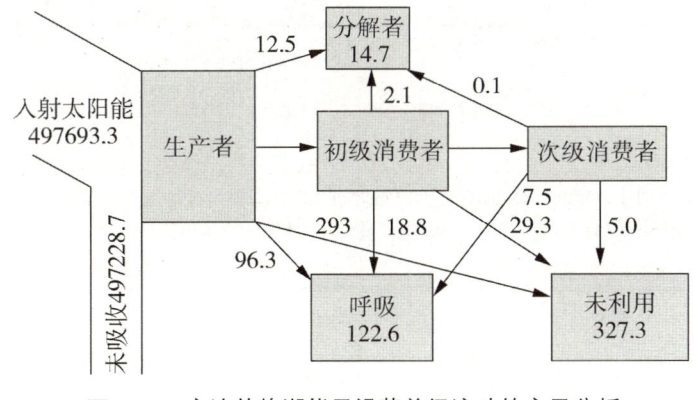 图2-8　赛达伯格湖能量沿营养级流动的定量分析 　　　　［单位：J/(m²·a)］	活动论证，重构概念。学生通过阅读、思考、归纳等方法定性分析各营养级能量的来源和去路，发展了科学思维。 小组合作结构化整合概念，可以发展学生的模型与建模思维，深化学生的物质与能量观、稳态与平衡观。

续表

教学环节	课 堂 实 录	专业点评
任务1：分析生态系统能量流动的过程和规律	**呈现资料** 生态效率是指各种能量流动参数中的任何一个参数在营养级之间或营养级内部的比值关系，包括同化效率、生长效率、传递效率（林德曼效率）等，计算方法如下： $$同化效率=\frac{固定的太阳能}{吸收的太阳能}\times100\%（植物）=\frac{同化的食物能}{摄取的食物能}\times100\%（动物）$$ $$林德曼效率=\frac{第n+1营养级的同化量}{第n营养级的同化量}\times100\%$$ $$生长效率=\frac{净生产量（同化量-呼吸量）}{总生产量（同化量）}\times100\%$$ **任务驱动** 阅读资料，用表格的形式整理图2-8中各营养级"流入"和"流出"的能量数据，计算各营养级之间或营养级内部的能量传递效率、同化效率、生长效率，并进行比较和分析。 **学生活动** 小组合作探讨，把计算结果填入定量分析表中。其中一个小组的代表把计算结果展示到屏幕上，其他小组进行比较、评价和修正后，得出正确结论。 **数据展示** 赛达伯格湖能量沿营养级流动的定量分析表（表2-3）。 表2-3 赛达伯格湖能量沿营养级流动的定量分析表 | 营养级	摄入量/$(J\cdot m^{-2}\cdot a^{-1})$	同化量/$(J\cdot m^{-2}\cdot a^{-1})$	呼吸量/$(J\cdot m^{-2}\cdot a^{-1})$	传递效率/%	同化效率/%	生长效率/%
---	---	---	---	---	---	---
生产者	—	464.6	96.3	13.5	—	79.3
初级消费者	92.4	62.8	18.8	20.0	67.7	70.1
次级消费者	14	12.6	7.5	—	90.0	40.5 | **教师提问** ① 为什么相邻两个营养级之间的能量传递效率如此之低？ ② 为什么能量从植物到植食动物的传递效率比从植食动物到肉食动物的低？ ③ 相比赛达伯格湖，始丰溪湿地某树林中能量从植物到植食动物的传递效率是怎样的？为什么？ ④ 为什么植食动物的同化效率比肉食动物的低，生长效率却比肉食动物的高？它给了我们什么启示？ **学生活动** 小组探讨，归纳总结后得出结论：	活动论证，重构概念。学生通过计算和分析传递效率、同化效率、生长效率等生态效率，交流讨论各组数据差异的原因，发展了结构与功能观、物质与能量观等生命观念，同时也发展了科学思维。

续表

教学环节	课 堂 实 录	专业点评
任务1: 分析生态系统能量流动的过程和规律	① 能量传递效率低的原因：每一营养级同化的能量大部分未被利用，一部分能量用于呼吸消耗，还有少量能量流入分解者。 ② 能量从植物到植食动物传递效率低的原因：植物体内的很多能量未被利用。 ③ 树林中能量从植物到植食动物的传递效率比湖泊的低，因为陆地植物纤维素含量高。 ④ 植食动物的同化效率比肉食动物的低是因为植物体内的纤维素不能被消化吸收，植食动物生长效率比肉食动物的高是因为肉食动物呼吸消耗量大。 启示：圈养和用精饲料喂养可以提高养殖动物的净生产量。 **教师提问**　通过以上分析，你能总结出能量沿食物链流动的特点有哪些吗？为什么？你还能得到什么启示？ **学生活动**　联系已有知识，思考得出结论： 能量沿食物链流动是单向的和逐级递减的，因为通过生物体的呼吸而散失的热能不能重新转化为有机物中的化学能和太阳能，高一级营养级获得的能量不能回流到原来的营养级。生态系统必须不断地从外界获得能量才能维持其正常功能。 **引导**　请利用图2-8中的能量流动数据构建能量金字塔，分析能量金字塔会不会像生物量金字塔和数量金字塔那样出现倒金字塔形的情况。 **学生活动**　构建模型，分析讨论得出结论： 在自然生态系统中，能量金字塔一定是下宽上窄的正金字塔形，因为上一营养级的同化量一定大于以它为食的下一营养级的同化量。	
任务2: 研究能量流动的实践意义	**过渡**　研究能量流动有哪些实践意义呢？ **呈现资料**　在始丰溪湿地生态系统的水稻田中，农民放养了草鱼和鲤鱼。稻田养鱼能够有效抑制稗草、莎草、水马齿等杂草的生长，也能明显降低稻飞虱、稻叶蝉、稻螟蛉等虫害。与附近的单纯水稻栽培相比，稻田养鱼平均每667平方米每年可增加的收入在60～1000元不等。 **教师提问** ① 在鱼稻共生系统中，主要有哪些提高能量利用率的措施？ ② 在农业生产中，还有哪些措施可以提高人类对光合作用所固定的能量的利用效率？ ③ 研究生态系统的能量流动有哪些实践意义？ **学生活动**　小组讨论鱼稻共生系统和农业生产中能提高能量利用效率的措施，归纳总结，展示结果并交流、比较、评价和修正： ① 养鱼有利于抑制杂草生长，减少杂草与水稻竞争太阳能、氮磷养料等；养鱼有利于控制虫害，避免水稻中的能量流向其他消费者。 ② 合理密植、间种、套种、轮种，秸秆"过腹还田"、除草、除虫……	迁移拓展，创构概念。学生通过运用能量流动规律分析鱼稻共生系统中提高产量的措施，将所学知识迁移应用在新情境中，进一步发展了科学思维，提升了社会责任感。

续表

教学环节	课 堂 实 录	专业点评
任务2：研究能量流动的实践意义	③ 研究能量流动规律有利于人类合理地调整生态系统的能量流动方向，使能量持续高效地流向对人类有益的方向。 下节导引　生态系统的基本功能包括能量流动、物质循环、信息传递，始丰溪湿地生态系统的物质循环过程是怎样的？物质循环和能量流动的关系又是怎样的？我们下一课时继续探讨。	
任务3：构建能量流动概念图	任务驱动　归纳整理能量流动核心知识，构建初级生产量和次级生产量等概念之间的关系图。 学生活动　一个小组的代表在黑板上利用自制磁贴教具及相应文字和箭头构建概念图，其余小组在单元学习任务单上完成概念图的构建。比较、讨论、互评和修正后，最终概念图如图2-9所示。 图2-9　能量流动概念图	整合建模，架构概念。学生通过构建初级生产量和次级生产量等概念之间的关系图，将新学习的概念进行结构化整合，形成了新的概念体系，加深了对能量流动的理解，发展了物质与能量观、稳态与平衡观等生命观念。
概念应用，交流评价	学生活动　根据设计的生态瓶尝试分析生态瓶中的能量流动情况，观察生态瓶中动植物的数量变化，分析其变化的原因，从能量流动的角度考虑改进方案，预期改进前、后生态瓶可以正常运转的时间。 交流评价　从生态瓶改进方案的合理性，生态瓶放置地点的光照、气温等情况、生态瓶中的能量流动等方面设计评价方案，再进行观摩、比较、评价和修正。	迁移拓展，创构概念。学生在分析和解决生态瓶中能量流动相关问题的过程中，发展了科学思维和科学探究能力。

（三）教学反思

本课时的内容较多且有一定的难度，因此教师采用长课时教学。本课时的亮点主要体现在三个方面：一是运用系统分析法分析生态系统的能量流动过程。教师通过对生态系统能量流动的定性分析、定量分析、模型分析，帮助学生进一步深刻领悟系统方法的思想。二是对传递效率、同化效率、生长效率等生态效率开展了深度教学。学生通过计算、比较和分析传递效率、同化效率、生长效率等生态效率，交流和讨论了各组数据有差异的原因，深化结构与功能观、物质与能量观等生命观念，发展科学思维。三是能量流动规律在真实情境中的拓展应用。学生通过分析鱼稻共生系统的能量流动，将所学知识迁移应用于生产生活实际，提升社会责任感。

本课时存在的不足之处：一是单元情境与课时情境融合度不强。本单元以始丰溪湿地生态系统为单元情境，但是教师因无法收集到始丰溪湿地生态系统的能量流动数据，所以在定量分析能量流动过程、构建能量金字塔模型时参考了教科书中的赛达伯格湖能量沿营养级流动的数据。二是教师对学生活动过程的评价不够到位。由于计算和比较生态效率难度较大，有些小组没有深入解决问题，并且小组活动时遇到的问题也需要进一步的分析和讨论。

（四）总体评析

本课时是本单元的第2、3课时，向上承接着"群落与非生物环境组成生态系统，食物链和食物网形成生态系统的营养结构"课时，向下承接着"生态系统中的物质能被循环利用"课时。本课时以活动和问题链为载体，运用系统分析法，引导学生对生态系统的能量流动进行定性分析、定量分析和模型分析。本课时的教学设计和课堂实施表现出以下特点：

1. 重视学生自主活动，发展学生的科学思维和科学探究能力。

在分析能量流动过程的基础上，学生通过自主构建能量的来源和去路图解、能量金字塔模型、初级生产量和次级生产量等概念之间的关系图等，架构完整的能量流动知识结构，深化了结构与功能观、物质与能量观、稳态与平衡观等生命观念，发展了科学思维和科学探究能力。

2. 重视联系生产实践，提升学生的社会责任感。

本课时通过对能量流动中传递效率、同化效率、生长效率等生态效率的计算，引导学生在生产实践中应用这些生态效率提高畜牧养殖的产量，再引导学生分析鱼稻共生系统中的能量流动情况，分析农业生产中提高能量利用效率的措施。学生通过将所学知识应用于生产实践，发展了分析和解决实际问题的能力，提升了社会责任感。

3. 改进建议。

本课时的学习任务多、难度大、思维容量大，导致有些内容学生无法在课堂上深入学习，教师对内容和活动的取舍需要进一步斟酌。在学习评价上，教师应更注重对学生活动过程的评价，如何在有限的课堂时间内开展多元化、深层次的活动评价需要大家进一步深入研讨。

（本课时由浙江省天台中学林亮老师设计和执教）

课时4、5 生态系统中的物质能被循环利用

（一）课时概念解析

课时4、5 的次位概念为"生态系统中的物质在生物群落与无机环境之间不断循环""利用物质循环规律，人们能够更加科学、有效地利用生态系统中的资源"。这些概念的建构需要以下基本概念或证据的支持：

1. 二氧化碳是碳循环的主要形式。
2. 生物在水循环中起的作用很小。
3. 固氮菌等细菌在氮循环中发挥重要作用。
4. 人类运用生态系统的物质循环规律，在生产实践中实现资源多层次利用。

（二）课堂实录

教学环节	课 堂 实 录	专业点评
关联单元情境，提出核心问题	**呈现资料** 学生拍摄的始丰溪国家湿地公园的部分场景：生机盎然的花草、鱼鸟，树下的残枝败叶，草地上的蘑菇…… **核心问题** 我们已经研究了始丰溪湿地生态系统的能量流动规律，生态系统的物质循环是怎样的？物质循环和能量流动有何关系？	呈现情境，初构概念。教师基于情境，提出核心问题，明确学生的学习目标。
任务1：探究生态系统中的碳循环	**过渡** 地球上存在的天然元素有 90 多种，构成细胞的主要元素是 C、H、O、N，所以物质循环主要有碳循环、水循环、氮循环等，它们各自有哪些特征？我们先来探究碳循环。 **教师提问** 始丰溪湿地生态系统中的碳存在于哪里？ **学生活动** 联系已有知识，思考得出结论： 碳以有机物形式存在于生物体内和化石燃料中，以 CO_2 形式存在于空气和水中，以碳酸盐形式存在于岩石中。 **教师提问** 生态系统各组成成分中的碳来源于哪里？去路有哪些？ **学生活动** 阅读教科书"二氧化碳是碳循环的主要形式""图 3-14 碳循环示意图"，小组合作，用图解表示碳的来源和去路。展示结果并交流、比较、评价和修正。学生构建的图解：图 2-10。  图 2-10 碳循环示意图	活动论证，重构概念。教师利用问题串启迪思维，引导学生通过建模活动实现概念重建，深化物质与能量观、稳态与平衡观等生命观念，发展科学思维和科学探究素养。

续表

教学环节	课 堂 实 录	专业点评
任务1：探究生态系统中的碳循环	**教师提问** ①碳循环的主要形式是什么？ ②何种生物与碳循环密切相关？为什么？ ③碳在生态系统中能往复循环、重复利用的特点给了我们什么启示？ **学生活动**　依据碳循环示意图，概括总结： ①碳循环的主要形式是CO_2。 ②所有生物都与碳循环密切相关，因为与碳循环密切相关的生理过程是光合作用和细胞呼吸。 ③启示：在一定范围内，碳在生态系统中的含量，能通过碳循环的自我调节机制得到调整，并恢复到原来的平衡状态。 **过渡**　目前全球关注的环境问题之一是温室效应，CO_2被认为是最重要的温室气体。 **教师提问**　大气CO_2平衡受到干扰的原因是什么？可能造成哪些后果？为缓解温室效应我们应该怎么做？ **学生活动**　联系已有知识，概括总结： CO_2平衡受到干扰的主要原因：化石燃料的大量燃烧和过度开发利用导致植被被破坏。危害：温室效应使冰川融化，全球气候大规模改变，某些物种的生长、繁殖和分布受到影响，海平面上升使沿海平原发生盐碱化或沼泽化等。措施：开发新能源、节能减排、植树造林等。	
任务2：描述生态系统中的水循环	**过渡**　有研究表明，海洋的碳含量是大气圈碳含量的56倍，是最大的储碳库。水圈对调节大气圈的碳含量起到了非常重要的作用。生态系统中的水存在于哪里？来源于哪里？去路又有哪些呢？ **呈现资料**　水循环示意图（图2-11）。 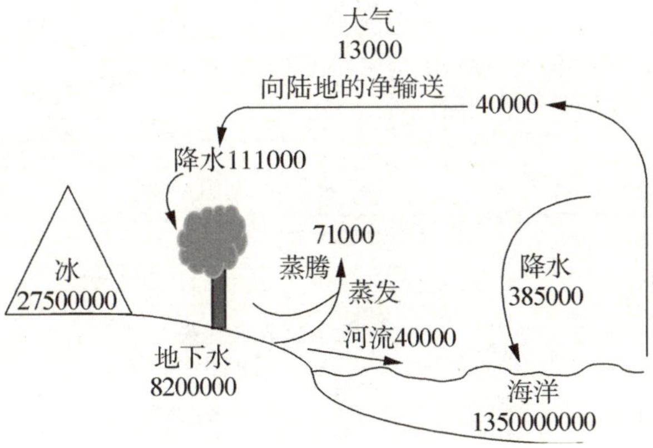 图2-11　水循环示意图 **教师提问** ①水循环的方式有哪些？ ②水循环的动力是什么？ ③水循环的主要作用是什么？为什么？它给了我们哪些启示？	活动论证，重构概念。结合教科书和资料分析、解决层层递进的问题串，可以发展学生的科学思维和科学探究能力。

续表

教学环节	课 堂 实 录	专业点评
任务2: 描述生态系统中的水循环	**学生活动** 分析资料,结合教科书中的"生物在水循环中起的作用很小"内容,分析、总结得出结论: ① 水循环的方式有降水和蒸发,生物在水循环中起的作用很小。 ② 水循环是由太阳能推动的。 ③ 利用水循环可以为湿地或大陆架等生态系统补充营养物质,因为各种营养物质会随水的流动从一个生态系统到另一个新的生态系统。启示:始丰溪湿地生态系统水草茂盛,有着肥沃的低地,人们可以利用生态工程原理合理开发和利用,使之更好地为人类服务。 **教师提问** 水可以往复循环,重复利用,为什么说水资源不足已成为制约我国经济发展的一个重要因素?它给了我们哪些启示? **学生活动** 分析讨论,得出结论: 地球上水的总量不变,但淡水只占3%,且3/4被冻结在两极冰川中;全年降水量分配极不均匀,有些地方急需用水,有些地方洪水泛滥造成极大浪费;我国人口基数大,人均占水量小;工业化、农业生产技术等的发展造成了水体污染。启示:节约用水,减少污染物排放,保护水资源。	
任务3: 分析生态系统中的氮循环	**过渡** 水循环可以为始丰溪湿地生态系统带来营养物质,氮一定是这些营养物质中非常重要的一员。生态系统中的氮循环过程又是怎样的呢? **任务驱动** 始丰溪湿地生态系统中的氮存在于哪里?各组分中的氮从哪里来?有哪些去路?阅读教科书中的"固氮菌等细菌在氮循环中发挥重要作用""图3-15 氮循环示意图",小组合作,用图解表示氮的来源和去路。 **学生活动** 一个小组的代表在黑板上利用自制磁贴教具及相应文字和箭头构建概念图,其余小组在白板上构建。展示结果并交流、比较、评价和修正。学生构建的概念图:图2-12。 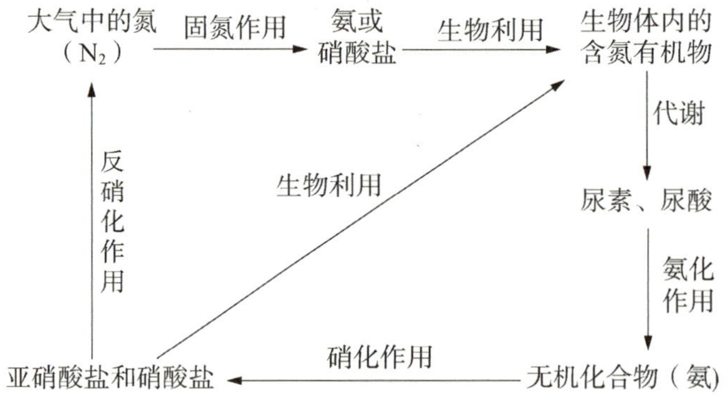 图 2-12 氮循环示意图	活动论证,重构概念。阅读分析、归纳总结和构建概念图等活动可以帮助学生发展逻辑思维、科学探究能力和合作交流能力等。

续表

教学环节	课 堂 实 录	专业点评
任务3：分析生态系统中的氮循环	**教师提问** ① 氮的存在形式有哪些？ ② 不同形式的氮是怎样相互转化的？ ③ 哪些生物在氮循环中发挥重要作用？ **学生活动** 依据氮循环示意图，概括总结： ① 存在形式：空气中的氮气，生物体内的含氮有机物，其他无机氮化物。 ② 氮气通过生物固氮、高能固氮、工业固氮还原为氨气，氨气通过硝化作用转化为硝酸盐，铵盐、硝酸盐等被生物利用转化为含氮有机物，含氮有机物通过代谢产生的尿素、尿酸再经分解者的氨化作用转变为氨气，硝酸盐等通过反硝化作用转化为氮气。 ③ 具有固氮作用的固氮菌、具有氨化作用的多种异养细菌、具有硝化作用的硝化细菌、具有反硝化作用的反硝化细菌等在氮循环中发挥着重要作用。 **教师提问** ① 氮在生物群落和无机环境中也是不断循环的，为什么农户还要往农田中不断地施加氮肥？ ② 氮肥过多可能会造成什么后果？ ③ 它给了我们什么启示？ **学生活动** 结合生产生活经验，分析讨论得出： ① 因为农田是人工生态系统，种植农作物的目的是使能量更多地流向人类，而农田土壤中氮的含量不足以使农作物高产；输出农产品中的氮元素不能都返还土壤。 ② 氮肥过多会造成农作物烧苗、减产，还会引起土壤和水体污染等。 ③ 启示：对利用和干预强度大的人工生态系统，应保证相应物质和能量的补充输入，以保证系统内部结构和功能的协调稳定。	
任务4：探究物质循环规律在生产实践中的应用	**过渡** 研究物质循环规律有什么实践意义呢？ **呈现资料** 在始丰溪湿地生态系统附近，有稻作-养猪-养鱼农业生态系统。农民用粮饲猪、用猪粪喂鱼、用塘泥作稻田肥料，实现农、牧、渔业相互促进的综合生态效果，超过了种稻、养猪、养鱼单项生态效益和经济效益的总和。 **教师提问** ① 在稻作-养猪-养鱼系统中，哪些措施可以提高物质利用率？这些措施有什么优点？给了我们什么启示？ ② 在生产实践中，还有哪些措施是运用了物质循环规律来实现资源多层次利用的？ **学生活动** 小组讨论，归纳总结，展示结果并交流、比较、评价和修正：	迁移拓展，创构概念。运用所学知识分析和解决生产生活中的实际问题，可以帮助学生进一步发展科学思维，提升社会责任感。

续表

教学环节	课 堂 实 录	专业点评
任务4：探究物质循环规律在生产实践中的应用	① 措施：用粮饲猪，用猪粪喂鱼，用鱼粪肥田，将秸秆、塘泥堆沤后肥田等。优点：既节约成本，又减少环境污染。启示：人们合理利用生态系统中的物质循环规律，可使能量流向对人类最有益的方向，提高经济效益和生态效益。 ② 生活垃圾减量化、无害化、资源化处理；"蔬菜-鸡、猪-沼气"系统，"桑基鱼塘"生态工程等。	
任务5：总结能量流动和物质循环的关系，完善概念图	教师提问　生态系统能量流动和物质循环之间的关系是怎样的？ 学生活动　联系已有知识，思考得出结论： 能量的固定、储存、转移和释放，离不开物质的合成和分解等过程。物质作为能量的载体，使能量沿着食物链流动；能量作为动力，使物质能够不断地在生物群落和非生物环境之间循环往返。 学生活动　归纳整理物质循环相关知识，在单元学习任务单上用文字和箭头将与本课时相关的概念图补充完整（图2-13）。 图2-13　物质循环概念图	整合建模，架构概念。构建能量流动和物质循环之间的关系图，可以帮助学生结构化整合新学习的概念，深化物质与能量观、稳态与平衡观等生命观念。
概念应用，交流评价	学生活动　根据设计的生态瓶尝试分析生态瓶中的物质循环，观察生态瓶中动植物数量的变化，并分析其变化的原因，从物质循环的角度设计改进方案，预期改进前、后生态瓶分别可以正常运转的时间。 交流评价　从生态瓶改进方案的合理性，以及生态瓶中碳、氮等物质的循环等角度设计相应的评价方案，再进行观摩、比较、评价和修正。	迁移拓展，创构概念。本活动发展了学生的科学思维和科学探究能力，体现了"教学过程重实践"的基本理念。

（三）教学反思

基于学习内容的特点，保证学生思维的连贯性，本课时采用长课时教学。本课时的亮点主要体现在三个方面：一是以情境引发问题，以问题拓展思维。本课时的问题有严谨的逻辑关系，由易到难，促进了学生的深度思考，锻炼了学生获取和处理信息的能力、分析和解决实际问题的能力，发展了学生的科学思维。二是以问题引导活动，以活动促进概念建构。在本课时的教学过程中，我以问题引导学生开展小组讨论、合作建模等活动，绘制碳循环过程图、氮循环过程图、物质循环概念图等，促进了学生之间的合作、探究、交流和分享，促进了本课时知识的结构化和直观化，发展了学生的科学思维和科学探究能力。三是密切联系生产生活实际，关注社会责任发展。学生通过阅读、建模等活动厘清碳、氮等物质的存在形式、来源和去路，以及相关的生理过程后，分析目前全球面临的温室效应、水资源短缺、富营养化污染等环境问题的原因和对策，提升了社会责任感。

本课时存在的不足之处：学生在合作构建碳循环和氮循环过程图时花费了较多的时间，我对每个小组活动过程的评价不够充分，对结果展示和修正的评价不够深入，有待进一步改进。

（四）总体评析

本课时是本单元的第4、5课时，向上承接着"生态系统中的能量单向递减流动"课时，向下承接着"生态系统中存在信息传递"课时。本课时利用问题串引导学生通过阅读、归纳和构建概念图等活动，发展了学生的科学思维和科学探究能力。本课时的教学设计和课堂实施表现出以下特点：

1. 进阶式问题引导，促进思维深度发展。

教师基于真实情境，设置了合理的进阶式问题串，通过层层设问，引导学生围绕问题展开阅读、讨论和建模等活动，学生在比较、分析和概括等的思维过程中完成了概念的建构，深化了物质与能量观、稳态与平衡观等生命观念。其中，交流、评价和修正等过程又促进了学生之间的合作学习和思维碰撞，推动了学生思维的深度发展。

2. 密切联系生产生活实际，提升学生的社会责任感。

教师在课堂中有效引导学生分析了温室效应的产生原因、后果和措施，水资源短缺的原因和启示，向农田不断施加氮肥的原因，"稻作-养猪-养鱼"系统中提高物质利用率的措施及其优点等，这些实际问题的解决无不彰显生物学学科知识与现实生活的紧密联系，进一步提升了学生的社会责任感。

3. 改进建议。

在学生活动时，教师对学生活动时间的把控不够到位，活动的效度有待进一步提升。在活动评价方面，多维度、多元化的形成性评价，有待教师进一步完善。

（本课时由浙江省天台中学杨晨晨老师设计和执教）

课时 6　生态系统中存在信息传递

（一）课时概念解析

本课时对应的次位概念为"生态系统中物理、化学和行为信息的传递对生命活动的正常进行、生物种群的繁衍和种间关系的调节起着重要作用"。该概念的建构需要以下基本概念或证据的支持：

1. 生态系统中存在多种信息。
2. 生态系统中的信息传递非常重要。
3. 信息传递的规律可以应用于农业生产。

（二）课堂实录

教学环节	课　堂　实　录	专业点评
关联单元情境，提出核心问题	视频呈现　学生在始丰溪国家湿地公园中拍摄到的多种有关信息传递的素材。 核心问题　生态系统中信息传递的类型和意义分别是什么？如何合理运用生态系统的信息传递规律？	教师基于真实情境，提出核心问题，明确学生的学习目标。
任务1：分析和归纳生态系统中信息传递的类型	过渡　我们已经探究了始丰溪湿地生态系统的能量流动和物质循环两大基本功能，信息传递也是生态系统的基本功能之一。信息传递是指各种信息在生态系统各组分间或组分内部的流动和交换。 教师提问　生态系统中的信息有哪些类型？ 呈现资料　始丰溪湿地生态系统中的信息或信息传递实例： ① 百日菊鲜艳的花冠。 ② 百日菊芬芳的气味。 ③ 百日菊开花需要短日照（每天日照时间短于 14 h）。 ④ 白鹭展示繁殖羽。 ⑤ 鸟类的鸣叫。 ⑥ 雌蝶分泌性外激素吸引雄蝶交配。 ⑦ 松鼠追逐和驱赶进入领地的同类。 ⑧ 香樟的枝叶破损后会散发香气，对蚊虫有一定的驱除作用。 ⑨ 水葫芦根部的分泌物会抑制藻类的生长。 学生活动　阅读教科书中的"生态系统中存在多种信息"内容，对上述资料中的信息或信息传递实例进行分析和分类，并交流、评价和修正： 生态系统中的信息可分为物理信息、化学信息、行为信息等。①③⑤中的信息属于物理信息，因为光、声音等是以物理过程为传递形式的信息；②⑥⑧⑨中的信息属于化学信息，因为它们是由生物代谢产生的化学物质为传递形式的信息；④⑦中的信息属于行为信息，因为它们是动植物异常的表现和行为。	真实情境中的信息传递素材能有效地引起学生的注意，激发学生的兴趣，启迪思维。

续表

教学环节	课 堂 实 录	专业点评
任务1：分析和归纳生态系统中信息传递的类型	教师提问　上述信息传递过程中，信息的来源有哪些？信息传递的媒介是什么？信息的受体有哪些？ 学生活动　思考分析问题，得出结论： 信息来源是生物或环境。信息媒介是空气和水等。信息受体是生物体个体或其部位，如动物的眼、耳，植物的叶等。	
任务2：分析和总结生态系统中信息传递的作用	教师提问　生态系统中的信息传递有什么作用呢？请根据资料，举例说出信息传递的作用。 呈现资料　视频：侦察蜂采集百日菊花蜜的过程以及侦察蜂回蜂巢跳八字舞的过程。 学生活动　阅读教科书中的"生态系统中的信息传递非常重要"内容，并分析视频资料，思考得出结论： ① 侦察蜂通过物理、化学和行为信息将蜜源的信息传回蜂巢，其他工蜂接收信息后及时获取食物，说明信息传递能影响生命活动的正常进行，影响个体的生存。 ② 百日菊传递给蜜蜂的信息，能吸引蜜蜂来采蜜以帮助百日菊传粉，说明信息传递能影响种群的繁殖。 呈现资料　水葫芦根部的分泌物能抑制藻类的生长。始丰溪湿地生态系统有一片水域：种植水葫芦区域水质好、鱼虾多，未种植水葫芦区域藻类过度生长出现了水华。 学生活动　分析资料，思考信息传递的作用并得出结论： ① 水葫芦抑制了藻类的过度生长，成为该水域的优势种，说明信息传递能影响群落的演替。 ② 在此过程中，该水域的水质能被净化，说明信息传递能调节生物的种间关系，进而维持生态系统的稳定性。	依托收集的信息传递实例，学生从多个角度深入分析信息传递在个体、种群、群落、生态系统各个层次上的作用，训练了获取和处理信息的能力，发展了科学思维。
任务3：探究信息传递在农业生产中的应用	过渡　信息传递的作用还有很多。在农业生产中如何运用生态系统的信息传递原理提高农作物产量、防治害虫呢？ 呈现资料　始丰溪湿地生态系统附近有一片桃林，果实成熟时会吸引多种鸟类前来取食。林边建有鸡舍，鸡舍里养有蛋鸡，蛋鸡下蛋所需的日照时间不少于15 h。蛋鸡有刨食行为，能吃草和虫，过多的新鲜鸡粪会在土壤中发酵，消耗土壤中的氧气。发酵过程会放热，易导致植物烧根。 教师提问 ① 如何吸引传粉动物以提高桃树的授粉率和结实率？ ② 如何提高蛋鸡在冬季的产蛋率？ ③ 在果实成熟季节，如何有效地驱赶取食的鸟类？ 学生活动　联系已有知识，思考以上问题得出结论： ① 用模拟的信息素吸引传粉动物以提高桃树的授粉率和结实率。 ② 在增加营养的基础上，延长光照时间，以提高鸡的产蛋率。	问题情境可以引导学生结合信息传递的作用，从生态系统功能的角度分析和解决实际问题，评价农业生产活动中某些应用的科学性，从而深化物质与能量观、稳态与平衡观，发展科学思维和科学探究能力，加深对科学、技术、社会三者关系的认识，提升社会责任感。

续表

教学环节	课 堂 实 录	专业点评
任务3：探究信息传递在农业生产中的应用	③ 可利用光照、声音信号、天敌模型等驱赶鸟类。 **教师提问**　若要发展生态养殖，在桃树林中放养蛋鸡是否有利于提高农畜产品的产量？ **学生活动**　小组合作讨论，得出结论，并展示、评价和修正： 在桃树林中放养适量蛋鸡可以帮助果农除草和除虫；鸡粪发酵后可以增加土壤肥力，鸡的活动可以驱赶取食的鸟类。过度放养蛋鸡可能会破坏果树根系和土壤。	
任务4：完善信息传递概念图，构建生态系统三大功能的关系图	**学生活动**　归纳整理信息传递有关知识，在单元学习任务单上用文字和箭头将与本课时相关的概念图补充完整。自评和修正后的概念图如图2-14所示。 信息传递 ─┬─ 信息类型：物理信息、化学信息、行为信息 　　　　　├─ 作用 ─┬─ 影响生物个体的生存 　　　　　│　　　　├─ 影响种群的繁殖 　　　　　│　　　　├─ 影响群落的演替 　　　　　│　　　　└─ 调节生物的种间关系，进而维持生态系统的稳定性 　　　　　└─ 应用：提高农产品的产量，防治有害动物 图2-14　信息传递的概念图 **教师提问** ① 信息传递的特点与物质循环、能量流动的特点有何不同？ ② 三者之间有何联系？ **学生活动**　归纳总结，得出结论： ① 物质循环和能量流动的渠道是食物链，信息传递不依赖食物链；能量是单向流动、逐级递减，物质是可循环往返、可重复利用的，但信息传递更为复杂，往往是双向的。 ② 物质循环、能量流动、信息传递相互依存，不可分割，共同把生态系统各组分联系成一个统一的整体。物质循环是能量流动的载体，而能量流动为物质循环提供了动力，信息传递对物质循环和能量流动有着调节作用。没有信息传递，物质循环和能量流动也无法正常进行。 **任务驱动**　尝试运用系统观、结构与功能观、物质与能量观、稳态与平衡观分析生态系统结构与三大功能的关系，并构建概念图。	构建本课时的概念图，可以训练学生的分析与概括等科学思维方法。

续表

教学环节	课 堂 实 录	专业点评
任务4：完善信息传递概念图，构建生态系统三大功能的关系图	**学生活动** 一个小组的代表在黑板上利用自制磁贴教具以及相应文字和箭头构建概念图，其余小组在单元学习任务单上构建概念图。比较、讨论、互评和修正后的概念图如图2-15所示。 图2-15 生态系统结构和功能的关系图	比较分析生态系统三大功能之间的区别和联系，可以让学生建立本课时知识的内在联系，构建生态系统三大功能的关系图，进一步认识到生态系统是一个统一的整体，深化结构与功能观、物质与能量观，掌握分析推理、归纳总结等科学思维方法。
概念应用，交流评价	**学生活动** 根据设计的生态瓶尝试分析生态瓶中的信息传递，观察生态瓶中动植物种类和数量的变化，分析其变化的原因，提出生态瓶的改进方案，预期改进前、后生态瓶分别可以正常运转的时间。 **交流评价** 从生态瓶改进方案的合理性，生物种类和数量的变化情况、生态瓶正常运转的时间等方面设计评价方案，再进行观摩、比较、评价和修正。	分析和解决生态瓶中与信息传递相关的问题可以发展学生的科学思维和科学探究能力。

（三）教学反思

本课时的亮点主要体现在三个方面：一是注重学生对情境的真实体验。通过本课时的学习，学生不仅对学习内容有了丰富的直观体验和浓厚的学习兴趣，也有能力去自主收集多种多样的信息传递实例。学生对始丰溪湿地生态系统进行实地考察，收集汇总信息传递的实例并以微视频的形式呈现，拥有充分的自主权、参与感和体验感。在课堂教学活动中，我引导学生逐步建构信息传递的相关概念，让学生认识到获取科学知识需要基于大量的素材，才能更全面地把握概念，这体现了基于事实性知识形成概念的学习过程。二是多样化概念模型的构建促进了知识的结构化和直观化。我引导学生通过对多种信息传递实例的比较和归纳分析，帮助学生构建了信息传递类型的表格模型；以问题串为驱动，启发学生深度思考进而构建信息传递在不同生命层次上作用的概念模型；适当挖掘知识的深度，发展学生的发散思维和新旧知识的迁移能力，使学生进一步理解信息传递在生态系统中的意义，深化信息观、系统观；结合生态系统的结构和功能等知识，构建了生态系统三大功能的关系模型，进而可以更好地帮助学生理解概念"信息传递决定物质循环和能量流动的方向和状态，三者是统一的整体，共同决定生态系统的稳定性"，并为下一单元"生态系统通过自我调节保持或恢复相对稳定的状态"的学习做好铺垫。三是密切关注生产、生活实践。生态系统中的信息传递和生产、生活实践联系密切，学生在学习了本课时知识后，再基于新的问题情境，联系实际，合理利用信息传递中的规律为生产、生活服务，尝试解决农业生产中的实际问题，评价生产实践中某些应用的科学性，以此发展科学思维、创新能力和社会责任，真正做到学有所获。在设置问题情境时，我从多个角度考查了学生分析和解决问题的能力，既有立足于本课时信息传递的任务，也有立足于本单元生态系统三大功能的任务，以进阶的任务驱动学生的学习进程，引导学生解决相应的任务。

本课时存在的不足之处：一是由于学生对始丰溪湿地生态系统的现有物种认知有限，学生在进行实地调查时，收集到的资料比较片面，而且很多素材很难以视频的形式呈现，所以我需要在后续的教学过程中做适当的补充。二是本课时任务较多，教学时间紧张，学生思考、讨论和活动的有效性有待加强。三是对学生活动的评价方式比较单一，关于活动过程有效性的评价有待改进。

（四）总体评析

本课时是本单元的第六课时，是在学生学习了生态系统的结构和基本功能的基础上开展的学习活动，同时为单元3的学习做了铺垫，承上启下，具有完善整体教学内容框架的作用，是整合生态系统三大功能的关键。本课时的教学设计和课堂实施表现出以下特点：

1. 创设多样化情境，提升学生的真实体验感。

学习活动的最终目的在于要将自己置身于知识产生的环境中，个体通过参与情境中的实践来获取知识、意义建构，并用知识解决实际问题。本课时主体情境来自学校附近的始丰溪湿地生态系统，课堂教学中情境无处不在，而且均是来自学生的真实生活体验。在这些情境中，生生之间、师生之间互动互评，学生在学习过程中有很强的参与感和体验感，充分体现了学生的主体地位。

2. 学生活动与概念建构有效整合，促进重要概念的建构。

本课时教师围绕"生态系统中存在信息传递"这一核心概念设计了多个活动：一是结合课前调查活动获得有关信息传递的事实性知识，通过比较和归纳等思维活动认识信息传递的类型；二是从个体、种群、群落、生态系统等不同生命层次概括、总结信息传递的作用，树立生命系统的信息观；三是基于农业生产新情境，从生态系统三大功能的角度应用所学知识解决生产、生活中的实际问题，发展了科学思维，提升了社会责任感；四是构建生态系统三大功能之间的概念图，进一步发展了科学思维和科学探究能力。

3. 改进建议。

本课时教师开展了多种形式的讨论和评价活动，但在活动过程中，部分学生缺乏主动思考、表达观点的意愿，被动地等待其他同学的讨论结果。小组活动时，部分学生更倾向于个人的思考，组内的讨论和交流较少，小组合作的效度有待加强，有关活动过程的评价也有待改进。

（本课时由浙江省天台中学陆杨老师设计和执教）

单元 3

生态系统通过自我调节保持或恢复相对稳定的状态

一、单元教学分析

生态系统通过自我调节维持稳态，稳态是生态系统结构和功能处于相对稳定的一种状态，这个概念在选择性必修 2 模块中是一个承前启后的重要概念。学生在学习了生态系统物质循环、能量流动和信息传递的相关内容后，通过本单元的学习，可以理解稳态的自我调节基础是反馈调节，能初步认识反馈调节的机制，解释生态系统能够通过自我调节抵御和消除一定限度的外来干扰，具有保持或恢复自身结构和功能的相对稳定并维持动态平衡的能力，认识到人类赖以生存的生物圈是一个高度复杂的、具有自我调节功能的生态系统。此外，本单元的内容为下一单元"保护环境是人类生存和发展的必要条件"的学习奠定了基础。

通过初中阶段相关内容的学习，学生已经初步建构了"生态系统具有稳定性"的概念，通过单元 2 的学习，进一步认识了"生态系统是一个具有一定结构和功能的统一体"的概念，初步形成了结构与功能观、物质与能量观等生命观念，但学生对稳态与平衡观的认识仍较为薄弱，有待提升。学生已经具备比较与分类、归纳与概括、演绎与推理、分析与综合等科学思维，但比较欠缺认识和解读生态系统内部及其与周围环境关系时所需的系统分析思想和方法，并且对生物圈生态效益的关注度还不够。

二、单元概念解构

本单元聚焦课程标准中的重要概念"生态系统通过自我调节作用抵御和消除一定限度的外来干扰，保持或恢复自身结构和功能的相对稳定"。该重要概念是在"生物群落与非生物的环境因素相互作用形成多样化的生态系统，完成物质循环、能量流动和信息传递"这个重要概念的基础上形成的，这两个重要概念共同支撑"生态系统中的各种成分相互影响，共同实现系统的物质循环、能量流动和信息传递，生态系统通过自我调节保持相对稳定的状态"这一大概念。本单元包含 3 个次位概念，分别是"生态系统具有保持或恢复自身结构和功能相对稳定，并维持动态平衡的能力""生态系统的稳定性会受到自然或人为因素的影响，如气候变化、自然事件、人类活动或外来物种入侵等""生态系统在受到一定限度的外来干扰时，能够通过自我调节维持稳定"。本单元支持"人类活动对生态系统的动态平衡有着深远的影响，依据生态学原理保护环境是人类生存和可持续发展的必要条件"等重要概念的学习。这些概念之间的关系如图3-1所示。

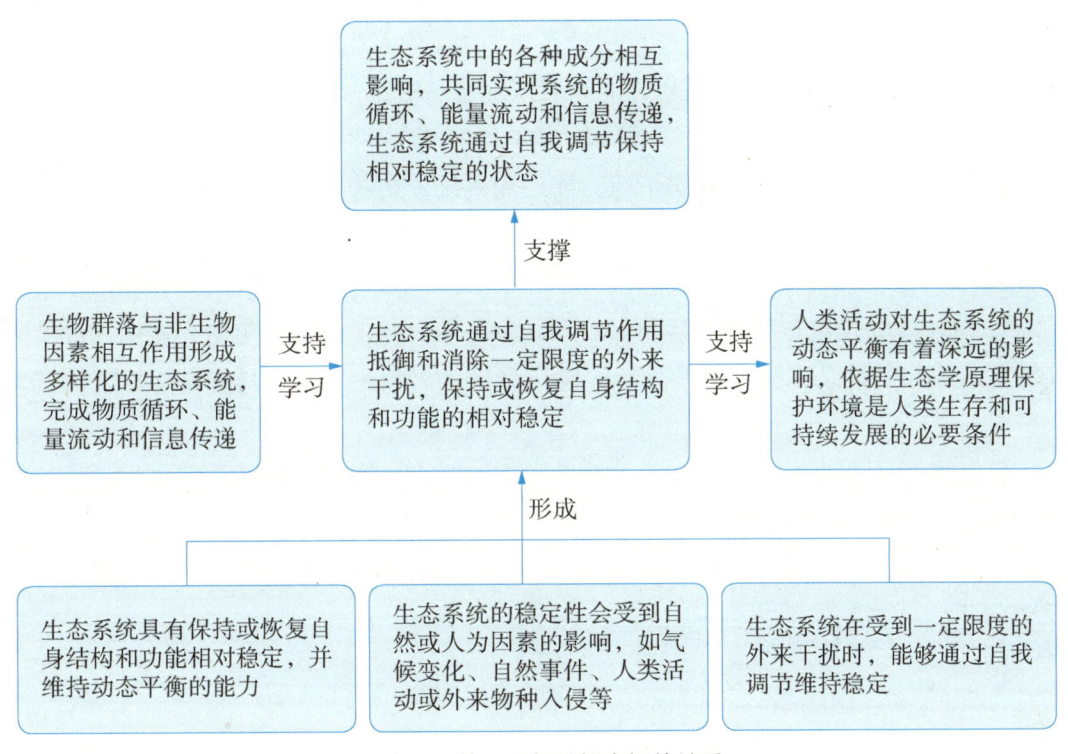

图 3-1 单元 3 相关概念间的关系

三、单元目标

（一）学习目标

1. 通过对生态系统与周围环境之间关系的分析，认同生态系统稳态的重要性，举例说明生态系统稳定性会受到自然或人为因素的影响，发展科学思维。

2. 通过小组合作构建反馈调节模型的活动，分析生态系统通过自我调节维持动态平衡的主要机制，发展结构与功能观、稳态与平衡观。

3. 能举例分析生态系统具有抵抗干扰、保持稳态的能力，和在遭到外界干扰因素破坏时具有恢复稳态的能力。

4. 通过设计提高生态系统稳定性的方案，关注当地生态建设中人类活动对生态系统稳定性的影响，认识保持生态系统稳态是人类生存和发展的基础，树立整体的可持续发展观。

（二）评价目标

1. 能初步以结构与功能观说明生态系统可以通过其内部自我调节机制保持稳定性。需要具备生命观念的二级水平。能运用稳态与平衡观解释生态系统具有抵抗干扰、保持稳态的能力，和在遭到外界干扰破坏时具有恢复稳态的能力。需要具备生命观念的四级水平。

2. 基于湿地生态系统的真实情境，能运用系统分析法进行比较和分类、归纳和概括、演绎和推理、分析和综合，多元构建生态系统反馈调节模型。需要具备科学思维的三级水平。

3. 设计并制作生态瓶，观察和比较不同生态瓶的稳定性，能主动合作推进设计方案的实施，如实记录实验现象并分析实验结果，得出结论。需要具备科学探究的二级水平。

4. 能基于人与自然和谐共处及可持续发展的观念，通过科学实践解决生活中的问题。需要具备社会责任的三级水平。

四、单元教学思路

（一）单元情境

始丰溪湿地生态系统在"五水共治"前后的两种生境：在"五水共治"之前，始丰溪湿地生态系统无蓄水、草木稀少，是"洪来水四溢，旱来晒见底，死鱼浮满溪"的荒凉生境；在"五水共治"之后，始丰溪湿地生态系统呈现山环水绕、鸟语花香、湖光山色的优美景色。

（二）核心任务

探究始丰溪湿地生态系统如何通过自我调节维持稳态。

（三）教学流程

以支撑本单元重要概念所需的次位概念为课时学习主题。课时教学以问题、任务、活动与评价为主线展开。本单元分为2个课时，教学流程如图3-2所示。

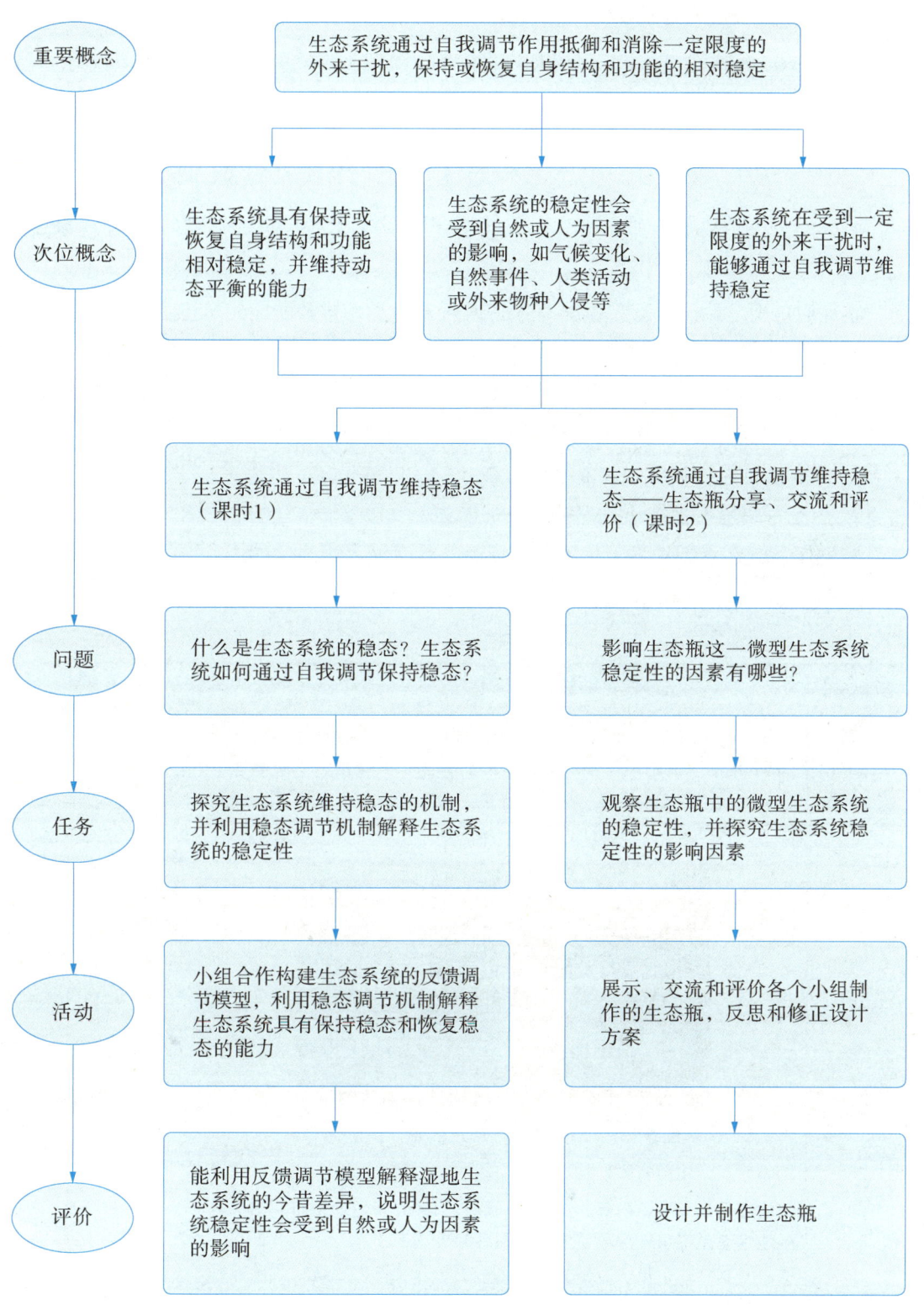

图 3-2　单元 3 教学流程

五、课时教学实例

课时 1 生态系统通过自我调节维持稳态

（一）课时概念解析

本课时的概念为"生态系统具有保持或恢复自身结构和功能相对稳定，并维持动态平衡的能力""生态系统的稳定性会受到自然或人为因素的影响，如气候变化、自然事件、人类活动或外来物种入侵等""生态系统在受到一定限度的外来干扰时，能够通过自我调节维持稳定"。该概念的建构需要以下基本概念或证据的支持：

1. 生态系统能通过反馈调节维持稳态。
2. 生态系统具有抵抗干扰保持稳态的能力。
3. 生态系统在受到外界干扰因素破坏时，具有恢复稳态的能力。

（二）课堂实录

教学环节	课 堂 实 录	专业点评
创设单元情境,提出核心问题	**创设情境** 展示学生拍摄的始丰溪湿地生态系统的照片和收集的"五水共治"前始丰溪湿地生态系统的老照片。呈现始丰溪湿地生态系统从"洪来水四溢，旱来晒见底，死鱼浮满溪"的荒凉生境到如今欣欣向荣、生态繁茂的旅游胜地的演变过程（图3-3）。 图3-3 "五水共治"前后的始丰溪湿地 **过渡** 我们运用系统分析法从整体到局部分析了始丰溪湿地生态系统的边界以及系统内部的结构和功能，本课时我们就来研究始丰溪湿地生态系统与外部环境之间的关系。 **核心问题** 什么是生态系统的稳态？生态系统如何通过自我调节维持稳态？	从"五水共治"前后始丰溪湿地"今""昔"的强烈反差引出了本课时需要解决的问题，激发了学生的学习兴趣。

续表

教学环节	课 堂 实 录	专业点评
任务1: 探究生态系统维持稳态的机制	**引导** 一个开放的自然系统（图3-4），它与周围环境之间必然存在物质和能量的交换。始丰溪湿地生态系统也属于开放系统，它的状态必然与环境对系统的输入以及系统对环境的输出有关。 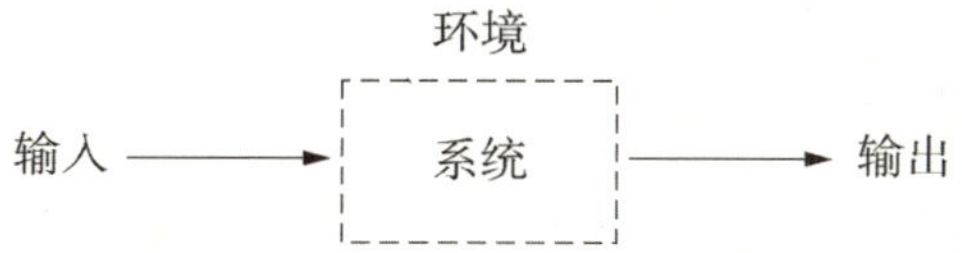 环境 输入 ⟶ 系统 ⟶ 输出 图 3-4　开放系统模型 **教师提问** ① 根据开放系统的模式图，始丰溪湿地生态系统作为一个开放系统，可能会出现哪些状态？ ② 其中哪一种状态属于稳态？ **学生活动**　自主思考，概括总结： ① 输入大于输出的发展状态，输入和输出相近的平衡状态，输入小于输出的退化状态。 ② 平衡状态就是稳态，稳态是自然生态系统一个很重要的特点，是生态系统内部各个成分彼此相互协调，保持相对稳定的状态。 **教师提问**　什么时候生态系统需要维持稳态？ **学生活动**　思考得出结论： 已经达到稳态的生态系统在受到外界干扰而偏离平衡状态的时候需要维持稳态。 **教师提问** ① 生态系统为什么会偏离稳态？ ② 在偏离稳态时能不能回到平衡状态取决于哪些因素？ **学生活动**　思考和讨论，概括、总结、补充和修正： 系统偏离稳态可能是因为受到自然因素如地震、台风，或人为因素如过量使用杀虫剂、化肥的干扰。生态系统能不能回到平衡状态取决于系统内部自我调节能力的强弱以及周围环境对系统干扰的强度。 **教师提问**　生态系统是怎样通过自我调节维持稳态的？ **任务驱动**　阅读教科书中的"生态系统主要通过反馈调节维持稳态""图 3-21　草原生态系统的负反馈调节"，小组合作，列表比较几种调节机制，并结合始丰溪湿地生态系统举例说明。 **学生活动**　小组合作，概括总结，展示、比较、评价和修正。学生的完成情况见表3-1。	教师引导学生利用开放系统模型分析生态系统的稳态，运用系统观和稳态与平衡观理解稳态的概念，发展了用模型表达生物学概念和原理的科学思维。 开放系统模型有助于学生从感知中提炼生态平衡的基本特征，也有利于学生构建正、负反馈调节模型，同时也可以为学生理解和分析生态系统偏离稳态的现象及其解决方案搭好思维框架。

续表

教学环节	课 堂 实 录	专业点评
任务1：探究生态系统维持稳态的机制	表3-1　生态系统维持稳态的调节机制 | 概念	原因	结果	作用	举例
---	---	---	---	---
负反馈调节	某一成分发生变化	引起一系列相应变化 抑制或减弱最初的变化	维持稳态	少量污水干扰下的湿地生态系统
正反馈调节		加速最初发生的变化	远离稳态	污水过度排放下的湿地生态系统 | 结论：生态系统主要通过反馈调节维持稳态。负反馈调节可使生态系统保持稳态，与维持系统的稳定性密切相关。 **师生活动**　结合开放系统模型，师生共同归纳正、负反馈调节机制。	结合开放系统模型，师生共同归纳正、负反馈调节模型，可以引导学生更好地运用结构与功能观、稳态与平衡观、信息观来分析和解决问题。
任务2：用稳态调节机制解释生态系统稳定性	**教师提问** ①生态系统的自我调节能力表现在哪些方面？ ②自我调节能力的强弱与哪些因素有关？ **任务驱动**　阅读教科书中的"生态系统具有抵抗干扰保持稳态的能力""生态系统在遭到外界干扰因素破坏时具有恢复稳态的能力"后概括总结，交流讨论生态系统自我调节能力的特点。 **学生活动**　概括总结，得出结论： ①自我调节能力的表现：抵抗干扰保持稳态的能力以及遭到外界干扰因素破坏时恢复稳态的能力。 ②自我调节能力的强弱是多种因素共同作用的结果。生物的种类和数量越多，食物网越复杂，自我调节能力越强，抵抗干扰保持稳态的能力也就越强。 **教师提问**　生态系统既有抵抗干扰保持稳态的能力，又有遭到外界干扰而被破坏时恢复稳态的能力。为什么始丰溪湿地生态系统曾经会出现"洪来水四溢，旱来晒见底，死鱼浮满溪"的生态危机？你能结合开放系统模型举例说明你所知道的生态危机吗？ **学生活动**　思考得出结论： 生态系统自我调节能力是有一定限度的，当外来干扰超过这个限度时，生态系统的稳态就会失调，引发严重的后果。生态危机是指由于人类盲目活动，局部地区结构与功能失衡，从而威胁人类生存的危机。如在"五水共治"前人们过度挖沙、污水无节制排放造成了始丰溪湿地生态系统的荒凉生境；黄土高原植被的破坏导致严重的水土流失和频繁的自然灾害。 **教师提问**　维持生态平衡，保持其稳态是人类生存和发展的基础。为维持始丰溪湿地生态系统的稳定性，我们还能做些什么？	理论联系实际，任务与始丰溪湿地生态系统"今""昔"变化的结合，可以帮助学生形成珍爱生命、人与自然和谐共生的生命观念，养成保护环境、维持生态平衡的行为习惯，提升了社会责任感。

续表

教学环节	课 堂 实 录	专业点评
任务2：用稳态调节机制解释生态系统稳定性	**学生活动**　小组讨论，记录员收集具体举措，并尝试归类，形成合理方案。汇报、评价、补充和修正： ① 控制周围环境对生态系统的干扰。 ② 合理、适度地开发利用，对生态系统的利用和干预不能超过生态系统的自我调节能力，对利用强度大的生态系统，应有相应物质和能量的补充输入，以保证系统内部结构和功能的协调稳定。	学生从多个角度对环境保护措施进行分类，在制订提高生态系统稳定性的合理方案中，提升了解决问题的能力。
构建概念图，课堂小结	**学生活动**　归纳整理有关知识，在单元学习任务单上用文字和箭头将与本课时相关的概念图补充完整（图3-5）。 生态系统 —一定程度→ 维持稳态 —调节机制→ 反馈调节 { 负反馈调节 / 正反馈调节 图 3-5　本课时概念图	建构概念图可以进一步明确概念间的联系。

（三）教学反思

本课时的亮点主要体现在三个方面：一是单元境脉统领课堂，解决关键问题。本课时境脉呈现方式多样，真实问题的引领增强了学生的使命感，也进一步促进了概念的内化。首先，我创设"五水共治"前后始丰溪湿地生态系统"今""昔"不同的真实情境，引出本课时需要解决的核心问题；步步生疑，层层深入，始丰溪湿地生态系统作为一个开放系统与周围环境存在怎样的关系？为什么会偏离稳态？如何维持稳态？结合始丰溪湿地的实际问题，探索保护其稳定性的相关措施，深化稳态与平衡观。二是构建模型，承前启后。从开放系统模型出发，我引导学生运用系统观、稳态与平衡观去理解稳态的概念，在理解开放系统模型的基础上继续构建正、负反馈调节模型，为下一课时构建生态系统稳态调节模型做好铺垫。同时，学生在建模与分享的过程中也发展了用模型表达生物学概念与原理的科学思维方法。三是关注当地现实问题，提升社会责任感。生态学基础知识的学习，最终落脚点是人。学生在讨论解决如何维持和提高始丰溪湿地生态系统稳定性的活动中，深切感受到环境建设"利在当代，功在千秋"的重要性，提升了社会责任感。

本课时存在的不足之处：一是学生课前实地调查所得的始丰溪湿地公园的资料我没有有效地结合到教学中。若能播放学生对当地村民的现场采访视频，让学生对"五水共治"前始丰溪湿地公园的荒凉生境有一个更加深刻的感受，那么教学效果会更好。二是开放系统模式图虽然能比较好地说明湿地生态系统与环境输入和输出的关系,但我仅仅让学生通过看书和讨论就归纳正、负反馈调节机制,缺少引导,如果在逻辑推理方面做好铺垫,教学效果会更好。三是过程性评价的形式比较单一。如何在有限的时间里充分而高效地让学生展示和汇报,及时捕捉课堂生成,都值得我继续学习和探索。

(四)总体评析

本课时是本单元的第一课时,承载了三个次位概念的解析和结构化构建,在总领本单元的同时,向下承接了第二课时的实践活动课,因此本课时是本单元的关键课时。以真实情境为主线,以任务和问题为载体,以建模为脚手架,学生在课堂中充分交流,不时迸发思维火花。本课时的教学设计和课堂实施表现出以下特点:

1. 情境连贯,促进学生主动建构概念。

基于境脉始丰溪湿地"今""昔"变化,学生在真实情境的强烈反差下初构稳态的概念;再结合开放系统模型分析生态系统平衡时的状态,通过对反馈调节的探索以及自我调节能力影响因素的分析,实现稳态概念的重构;结合始丰溪湿地的实际问题,探索保护稳态的相关措施,在讨论和分析中建构概念,发展生物学学科核心素养;最后通过自主构建概念图,架构概念之间的联系。真实问题的解决必定会引发学生更多的思考,这也是学生后续学习的动力和源泉。

2. 多元建模,发展生物学学科核心素养。

教师首先利用开放系统模型引导学生运用系统观和平衡观去理解稳态的概念,再在理解开放系统模型的基础上构建反馈调节模型,这为学生理解与分析偏离稳态事实及解决关键问题搭好了"脚手架";然后由易到难,顺应学生"整体感知—部分剖析—整体提升"的认知方式,在建模和分享的过程中发展了学生用模型表达生物学概念和原理的科学思维,同时也发展了学生的结构与功能观、稳态与平衡观、信息观等生命观念。其次,教师通过引导学生合作构建表格模型,对稳态概念进行分析、归纳和比较,并对不同生态系统展开探讨或论证,发展了学生的科学思维。学生在以上活动的讨论和分析中感受到了生态系统自我调节能力有一定限度的系统论思想,从而树立系统的动态平衡是可持续发展的前提的观念。

3. 步步生疑,师生实现共同成长。

真实问题的引领有利于增强学生的使命感和社会责任感,提高学生主动学习的内驱力。本课时以"情境—任务—问题—活动—评价"为主线进行了整体设计,以层层递进的问题链激发学生的进阶思维。教师尽可能地给学生创造了表达的机会,同时也注重难度梯度的设置,比如引入开放系统模型的基础就为解决一连串的问题搭好了支架;通过真实情境与真实问题的联系，为学生迁移应用、解决问题牵线铺路。

4. 改进建议。

本课时教师基于境脉始丰溪湿地"今""昔"变化展开教学，建议教师利用实地调查的第一手资料，让学生充分体验教科书中的知识与现实情境的对接，在激趣的同时也进一步落实了社会责任感的提升。在"制订提高生态系统稳定性的方案"活动中，学生能从物种多样性、结构复杂性，以及经济效益和生态效益等多个方面进行综合考虑并形成方案，此时教师若能从系统论思想方法上进行及时引导，则可以更好地实现"生态系统通过自我调节维持稳态"这一核心概念的内化。在对小组活动评价这一环节中，如何一目了然地展示学生活动成果？如何指导学生小组活动后的互评？怎样精确引导学生利用概念模型来表达活动结果？这些都值得教师进一步学习和探索。

（本课时由浙江省天台中学戴朦阳老师设计和执教）

课时2 生态系统通过自我调节维持稳态——生态瓶的分享、交流、评价

课堂实录

（一）课时概念解析

课时2的课时概念解析同课时1，本课时是课时1概念的实践活动课。

（二）课堂实录

教学环节	课 堂 实 录	专业点评
延续上一课时	**教师引言** 我们在单元2课时1学习时，就已经布置了生态瓶设计与制作的任务，这个活动一直伴随着这部分内容的学习。具体流程如图3-6所示： 确定生态瓶的类型 → 实地调查，寻找合适的材料 → 设计并制作生态瓶 → 观察记录 → 撰写报告 → 交流讨论 → 反馈评价 图3-6 设计并制作生态瓶的流程 我们已经完成了活动流程中的前五个环节，并进行了交流、评价和修正，接下来我们继续围绕生态瓶的设计和制作进行交流和反馈。	教师通过制作微型生态系统——生态瓶的实践活动，让学生在做中学，在学中做，加深了学生对稳态以及稳态调节的理解。

续表

教学环节	课 堂 实 录	专业点评
任务1：研究生态瓶稳定性的影响因素	**过渡** 活动之初，我们班部分同学自告奋勇地组成先锋小队和老师一起实地踏勘、调查始丰溪湿地公园，并通过查找资料、试做生态瓶等帮助大家选取制作生态瓶的合适材料，材料已经列在实验报告单的表格中，供大家参考选择。 **教师提问** ① 先锋小队在设计材料清单时遇到了哪些问题？如何解决？ ② 生态瓶制作好后我们如何提供五个方面的非生物环境条件？ **学生活动** 先锋小队发言人展示、汇报、分享和反思： ① 最大的困难是不明确动植物的习性。我们通过多种途径查阅、咨询以及多次预实验，最终选取适应能力相对强的物种作为主要材料，同时购买了一些金鱼作为补充。 ② 非生物环境：以散射光为光源，如放置在向阳窗台旁，或适当用台灯补光；室内常温；瓶内至少含三分之一的空气来模拟大气环境；有机物与无机物主要来自底泥以及溪水，也有部分来自动植物，等等。 **教师提问** 如何评价每个小组制作的生态瓶？ **资料呈现** 生态瓶评价量表（表3-2）及打分表照片、星级等第。 表3-2 生态瓶评价量表 | 评价项目	评价等级		
---	---	---	---
	A（5分）	B（3~4分）	C（0~2分）
实物展示	在班级展示实物，有研究主题（结果明显）	展示有研究主题的视频或无主题的实物	仅照片，无实物相关信息
成分与营养关系	充分考虑动植物之间的营养关系，比例合适	考虑动植物之间营养的关系，比例不合适	未考虑动植物之间的营养关系，比例不合适
结果记录	实验报告及记录完善，结果呈现形式多样	实验报告及记录较完善，实验结果呈现形式单一	实验报告及记录不完善，实验结果欠缺
总结反思	应用生态学原理总结出多条经验，有改进思路	应用生态学原理总结出较少经验	经验总结不合理或不能总结经验 | **引导** 对照生态瓶评价量表，每个小组就量表中的四个维度相互打分，统计后初步评定每个小组的等级。值得肯定的是各小组同学都有自己的思路和想法，并能在实验中想办法实现。下面我们就来分享一下大家的实验成果。	要模拟湿地生态系统的水域环境，材料的选取非常关键，尽量选择当地湿地物种。先锋小队的预实验明确了动物的食性和特性。 教师尝试通过评价量表指导学生进行自评和互评，利用评分规则来引导学生反思和学习。

续表

教学环节	课 堂 实 录	专业点评
任务1：研究生态瓶稳定性的影响因素	**研究课题** 用大水族箱作生态缸，研究虾虎鱼数量对微型生态系统稳定性的影响（图3-7）。 图3-7 某小组生态瓶实验设计 **呈现资料** 实验材料（大水族箱、虾虎鱼1～2条、小虾数十条、黑藻适量、底泥火山石适量等），观察、制作生态缸的视频和照片以及实验报告等。 **学生分享** 设计此实验的目的是通过改变小虾与虾虎鱼的比例，观察箱内动植物的数量和生活状态、水质等的变化及其原因。实验发现两者比例大约维持在1∶10（与选材个头有关）时，动植物最能保持相对稳定的状态。增加捕食者虾虎鱼后，虾类数量明显减少且易惊动不安，藻类生长快，水体微绿；减少虾虎鱼后，虾类数量稳定且生活状态活跃，藻类生长被抑制，水质澄清透明。 "藻类→虾→虾虎鱼"之间存在负反馈调节。当虾虎鱼过多时，虾虎鱼对虾的捕食增加，虾类易惊动不安，虾类对藻类的抑制下降，水体变绿，生态系统稳态趋向失衡；反之，虾类数量稳定，生活状态活跃，藻类生长被抑制，生态系统恢复稳态。 **教师提问** 你们在实验报告中提到水体浑浊、死虾、水面出现油膜等异常现象，你们是如何解决的？有哪些改进措施？ **学生分享** 我们通过补光解决因水体浑浊而虾死亡的问题，通过增加分解者和小鱼等方法解决油膜现象。后续的改进措施：利用两个生态缸缩短观察周期、严格封闭、控制藻类的数量等。 **教师点评** 这个小组用一个生态缸实验的前后变化进行对照，来说明生态系统成分改变对稳态的影响，比较形象地诠释了教科书中负反馈调节的机制，帮助大家更好地理解了负反馈概念的内涵。 **引导** 活动过程中好几个小组都制作了多个生态瓶，用控制变量法实施对照实验。我们来展示一二。	教师尽可能多地创设机会让学生展示成果，分享科学研究带来的喜悦与成就。学生也可以通过研究各种对照实验，实现对概念的理解和应用。

73

教学环节	课 堂 实 录	专业点评
任务1: 研究生态瓶稳定性的影响因素	**研究课题** 研究生态瓶中有无底泥对微型生态系统稳定性的影响，生态瓶如图 3-8 所示。 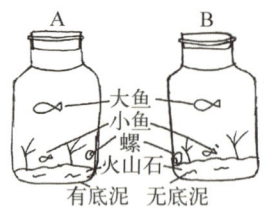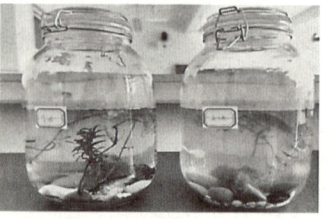 图 3-8 某小组的生态瓶设计及展示 **引导** 简笔画也是一种形象的语言，它能把实验思维形象化、直观化。请根据上图（图 3-8）猜想此小组实验的主题，并分析目前存活的生物成分在生态瓶中的作用。 **学生活动** 观察和思考，交流和讨论： 图中设计的自变量是有无底泥，底泥中的主要生物成分是分解者，所以主题是探究分解者对生态瓶稳定性的影响。无底泥组目前存活的是生产者和分解者，生产者能制造有机物，分解者能够分解有机物并将其转化为无机物，它们能促进生态瓶中的物质循环和能量流动，是维持生态瓶稳态的主要成分。 **学生补充** 消费者的存在能进一步促进生态瓶中的物质循环与能量流动，增加生态系统维持稳态的时间。 **引导** 实验过程中需要观察、收集数据并记录。在这次活动过程中，有两个小组记录得比较详细（表 3-3），他们根据自己小组的观察主题对记录表做了修改，使实验结果一目了然。	学生在汇报、组间互评的过程中比较分析了不同组别的异同，运用结构与功能观进一步修正模型；在合作、交流的过程中发展了批判性思维和表达交流能力。

表 3-3 生态瓶实验观察记录表（A 组富含 N、P 元素，B 组为对照）

时间	植物生存状况		动物生存状况		水质状况		特殊现象
	A组	B组	A组	B组	A组	B组	
第2天	鲜绿	鲜绿	金鱼失衡	正常	稍混	澄清	无
第4天	鲜绿	鲜绿	鱼死，虾死2	正常	混浊	澄清	A组水面油膜出现
第7天	发黄	鲜绿	螺蛳死1	正常	发黄臭	澄清	A组腐殖质增多
第10天	发黄	鲜绿	螺蛳死1	金鱼死	黄黑臭	稍混	A组表面油膜加厚

续表

教学环节	课 堂 实 录	专业点评
任务1：研究生态瓶稳定性的影响因素	研究课题　模拟富含N、P元素的污水对微型生态系统稳定性的影响。 教师提问　分析富含N、P元素组鱼类死亡的原因能给我们什么启示？"五水共治"前的始丰溪湿地鱼死水臭的主要原因是什么？国家倡导推行无磷洗衣粉的意义是什么？ 学生活动　自主思考，结合物质循环、生态系统稳态的调节机制分析环境保护的措施和必要性。 学生分享　N、P元素的增加→水体单细胞藻类增加→水体混浊，影响黑藻的光合作用，水体溶解氧减少→鱼类死亡并被分解产生了更多的N、P元素……形成正反馈调节。倡导推行无磷洗衣粉是限制N、P元素进入水体生态系统的一项举措，有利于人们增强对生态环保要从身边小事做起的理念的理解。 研究课题　研究空间大小对微型生态系统稳定性的影响。 呈现资料　空间大小对生态瓶稳态的影响的视频、照片。 学生活动　观看视频，交流讨论，对这一小组的修正方案进行评价，提出修改与补充的建议。 学生作品　生态瓶大家庭（图3-9）。  图3-9　生态瓶成果展示 教师总结　生态系统由生产者、消费者、分解者以及非生物的物质和能量等基本成分组成，缺一不可；生态系统都具有保持自身结构和功能相对稳定的能力。但选取的动植物种类、容器大小、水质，以及各种成分的有无或增减、食物链的不同等都会影响生态瓶的稳定性，所以评价量表从四个维度来评价这次活动是比较粗略的。根据今天的分析，我们可以重新审视并修订评价量表，并对课前的评分进行修正，更重要的是我们根据学习内容提出了提高生态瓶稳定性的方案。	学以致用是学习的最终目的，从新的角度对正反馈调节进行诠释是对核心概念的迁移和应用。教师联系日常生活中的N、P排放，倡导"低碳无磷排放从我做起"，落实社会责任核心素养的发展。
任务2：构建生态系统稳态模式图	单元小结　生态瓶是一个微缩的生物圈，始丰溪湿地生态系统也是一个缩小的生物圈。生物圈的稳态是人类赖以生存的基础，如何提高生物圈的稳定性是人类可持续发展的头等大事。结合生态系统结构和功能的有关知识和开放系统的模式图，尝试构建生态系统稳态的模式图。 学生活动　构建生态系统稳态的模式图。学生构建的模式图示例：图3-10。	从系统观视角对单元关键知识进行梳理和辨析，可以帮助学生发展用模型表达生物学概念与原理的科学思维方法。

续表

教学环节	课 堂 实 录	专业点评
任务2：构建生态系统稳态模式图	输入→生态系统｛结构｛组成成分、营养结构｝、功能｛物质循环、能量流动、信息传递｝｝→输出 图3-10 生态系统稳态的模式图	
课后延伸	延伸任务 ① 继续观察并记录本组生态瓶能够保持稳态的时间，并分析原因。 ② 在修正后的生态瓶中，生物种类和数量的变化情况以及正常运转的时间是否达到预期？若没有达到，请修正。 ③ 了解当地政府对始丰溪湿地公园建设的几个重大举措，利用学过的知识分析利弊，并提出自己的建议。	延伸任务旨在培养学生持久专注并深入研究的品质和学以致用的学习习惯，并落实社会责任核心素养的培养。

（三）教学反思

本课时的亮点主要体现在两个方面：一是单元境脉延伸拓展，实践活动体验学习。学生通过模拟始丰溪湿地生态系统成分的设计和生态瓶的制作，尝试用教科书知识解决现实生活问题，通过做中学、学中思、思中悟，发展科学思维与科学探究能力。二是制订评价量表展开评价，发现问题、反思学习。我采用SOLO分类评价法制订了等级性评分标准的评价量表，让学生从多维度审视所学概念的内涵和外延；通过评价，检测学生对知识的掌握和理解程度。通过学生互评与自评结合的过程性评价，学生相互学习各自的优点，弥补不足，从而反思、自评和修正。同时，我从评价量表的四个维度组织学生讨论，充分发掘了学生的亮点，给予学生肯定和鼓励，帮助学生获得成功的体验。

本课时存在的不足之处：实践活动的效果不够理想。实践活动的开展要达到比较理想的效果，需要教师具备比较高的调控能力，也需要活动时间的保障，更需要学生有持久专注并深入研究的品质。在有限的课堂教学时间内，如何结合课外活动充分展示学生的活动成果？如何实现课堂教学活动的课外延伸？这些都需要我进一步探索。

（四）总体评析

本课时承接第一课时，是一节活动拓展课，着重引导学生迁移应用核心概念，通过模拟湿地生态系统的成分制作不同类型的生态瓶实体模型，在观察、对照、分析和修正的基础上发展科学探究能力。本课时的教学设计和课堂实施表现出以下特点：

1. 亲历实践活动，发展学科素养。

教师在课堂内外都高度关注学生的实践体验。在单元2开始学习时，教师已经布置了设计与制作生态瓶的活动，这个活动一直伴随着"生态系统"这部分内容的学习。在实践活动过程中，学生先分组讨论并模拟真实情境，再设计并制作生态瓶，通过设计、实施、观察、记录、讨论和分享等活动，内化生物学学科概念，提升社会责任感。学生在动手解决问题的过程中发展了归纳与演绎等科学思维方法，提升了科学探究能力。

2. 利用评价量表，培养评价能力。

设计并制作生态瓶，观察其稳定性的实践活动是本单元教学的难点，也是一大亮点。教师通过评价量表的设计与实施指导学生评价，引导学生从评价量表的四个维度去思考生态瓶制作活动对教科书知识的体验意义，学会从核心概念的整体而非局部去考虑问题。这种"教—学—评"一体化的实践，是检测教师有效教学、学生有效学习的路径，可以获得学生"会什么"的反馈信息。

3. 教科书延伸境脉，培养关键能力。

本课时的生态瓶制作实践活动，把始丰溪湿地生态系统的真实情境与教科书"生态系统通过自我调节维持稳态"这一概念连成一体，让学生通过动手制作、观察、发现问题并解决问题来达到培养关键能力的目的。如：由"模拟富含N、P元素的污水对微型生态系统稳定性的影响"实验，推及推行无磷洗衣粉的意义，形成生态环保要从身边小事做起的理念；从小小的生态瓶推及怎样才能保持与提高生物圈的稳态，从实地调查中发现的绿道建设、月桥架建、清淤筑坝等举措出发，思考如何利用学过的知识分析举措的利弊，怎样科学合理地提出自己的建议。在实践活动中衍生出的新问题，正是激发学生乐学、乐做、乐思的生长点。

4. 改进建议。

本课时的课堂分享内容很丰富，是学生展示、交流和评价的好素材，但学生对问题的探讨、观点的提出、归纳总结等环节欠缺深入的思考。建议教师充分给予学生自主表达的时间，让更多的学生参与表达。另外建议教师增设学生发言的评价量表以进行过程性评价，有效提升小组成员的合作效率。设计并制作生态瓶活动是课程标准中的要求，也是单元核心素养发展的极好载体，如何更有效地在课堂教学中应用生态瓶实验？如何实现课外实践活动与课堂教学活动有机地整合？还需要教师进一步探索。

（本课时由浙江省天台中学戴縢阳老师设计和执教）

单元 4

保护环境是人类生存和可持续发展的必要条件

专家解读

一、单元教学分析

自然环境是人类赖以生存的基本条件和物质基础。随着人口激增以及人类对自然资源的过度开发和利用，生态环境遭受破坏，生物多样性减少，全球性的环境污染及资源短缺问题日益严重。我们需要认识到合理开发和利用自然资源的重要性，才能实现社会、经济和生态资源的可持续发展。

本单元的教学是根据教科书中的各种环境问题，并尝试结合当地情况，运用生态学原理讨论当地具体环境问题的解决措施来展开的。教师通过组织学生对具体探究内容的学习，聚焦重要概念的建构；采用多元化的评价方式，着重发展调查取证、归纳与概括、模型与建模的科学思维方法；通过引导学生探讨当地生态环境建设的建议和环境资源利用问题的解决方法，完成当地生态环境建设的可持续发展报告等，渗透社会责任这一核心素养。这样的教学顺序既尊重了知识的逻辑性，又符合学生的认知规律。

通过前面的学习，学生已经能够立足于宏观层面说出个体、种群、群落以及生态系统这几个层次的关系；初步认识到生物的生存与它的周围环境有着密切的联系，即生物的活动会影响生态环境的发展，生态环境也会制约生物的繁衍与生存。面对日益严重的全球性环境问题，为了人类的生存与发展，维持生物与环境之间的平衡，学生需要树立"保护环境，从我做起"的观念。基于本单元概念是抽象、动态的特点，教师需引导学生运用归纳与概括、模型与建模等科学思维解决问题，促进学生对抽象概念的理解，渗透关于社会责任的核心思想，为人类与环境的协调发展贡献一份力量。

二、单元概念解构

本单元聚焦课程标准中的重要概念"人类活动对生态系统的动态平衡有着深远的影响，依据生态学原理保护环境是人类生存和可持续发展的必要条件"，该重要概念是"生态系统通过自我调节作用抵御和消除一定限度的外来干扰，保持或恢复自身结构和功能的相对稳定"这一重要概念的延伸和深入，并支持了选修模块中例如"外来物种入侵与防控""生物资源开发与利用""本地受胁物种保护"等相关内容的学习，共同支撑

"生态系统中的各种成分相互影响,共同实现系统的物质循环、能量流动和信息传递,生态系统通过自我调节保持相对稳定的状态"这一大概念。本单元对应4个次位概念:"人口增长会对生态环境造成压力""全球性环境问题对生物圈的稳态造成威胁,同时也对人类的生存和可持续发展造成影响""生物多样性对维持生态系统的稳定性以及人类生存和发展有着重要意义""形成'环境保护从我做起'的意识",共同聚焦本单元的重要概念。这些概念之间的关系如图4-1所示。

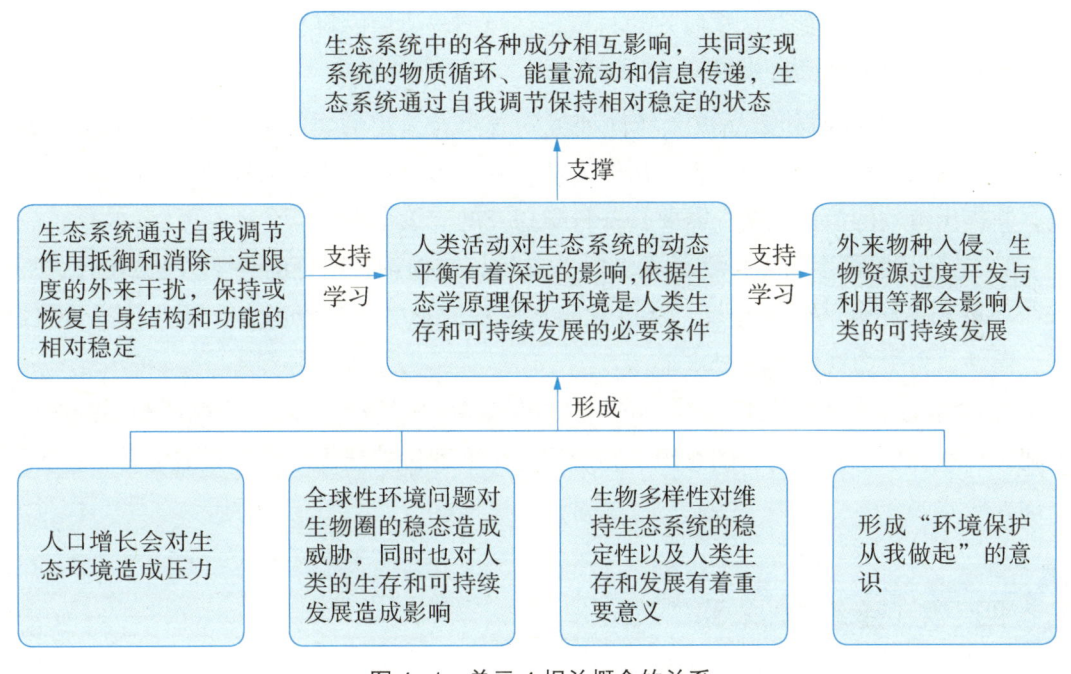

图4-1 单元4相关概念的关系

三、单元目标

(一)学习目标

1. 通过探讨人口增长对环境资源和生态环境的影响,阐明控制人口的重要性并提出相应的对策,在建构相关概念的同时,学习模型与建模的研究方法,发展归纳与概括的能力。

2. 通过对全球性环境污染问题的调查与讨论,尝试解决当地生态环境问题,提出生物多样性保护等方面的行动计划,形成保护环境的意识。

3. 通过调查当地生态环境问题、收集生物多样性保护的实例等活动,发展方案设计、生态调查、信息获取和数据处理的科学探究能力。

4. 通过分析和比较不同自然资源的再生能力，调查我国在生态治理方面取得的成绩，认同可持续发展是人类解决环境问题的必然选择，形成"环境保护从我做起"的意识，积极参与绿色环保实践活动，尝试为当地生态环境的可持续发展做出建设性报告。

（二）评价目标

1. 在学习人口增长对生态环境造成的压力后，能够以特定的科学事实为基础，构建人口增长数据模型。通过建模，合作探讨人口激增带来的资源短缺和环境污染问题，认识控制人口的重要意义，掌握归纳与概括、模型与建模的科学思维方法。需要具备科学思维和社会责任的二级水平。

2. 在学习人类活动会导致全球性环境问题日益突出后，能关注全球性生态问题，借助实验探究、资料收集及数据分析等方法，与他人合作完成相关环境问题的探讨与交流，并提出有效的治理措施。需要具备科学探究的二级水平。

3. 在学习保护生物多样性对人类的意义后，掌握调查取证的科学方法，尝试提出人与环境和谐相处的合理建议，从进化与适应观的角度解释生物多样性保护的重要意义。需要具备生命观念的三级水平。

4. 在学习可持续发展是人类的必然选择后，能列举资源多层次和循环利用的案例，形成"环境保护从我做起"的意识，完成当地生态建设的建设性报告。需要具备社会责任的四级水平。

四、单元教学思路

（一）单元情境

结合近年来平湖市的人口、野生动植物种类，以及平湖市对环境的治理、对自然资源的循环利用等方面的变化，探讨人类是如何协调自身与环境之间的关系的。

（二）核心任务

利用生态学原理，从人口控制、生态环境保护、生物多样性保护、资源再利用等方面完成对平湖市未来可持续发展的建设性报告。

（三）教学流程

以支撑本单元重要概念所需的次位概念为课时学习主题，课时教学以问题、任务、活动与评价为主线展开。本单元分为5个课时，教学流程如图4-2所示。

单元 4 保护环境是人类生存和可持续发展的必要条件

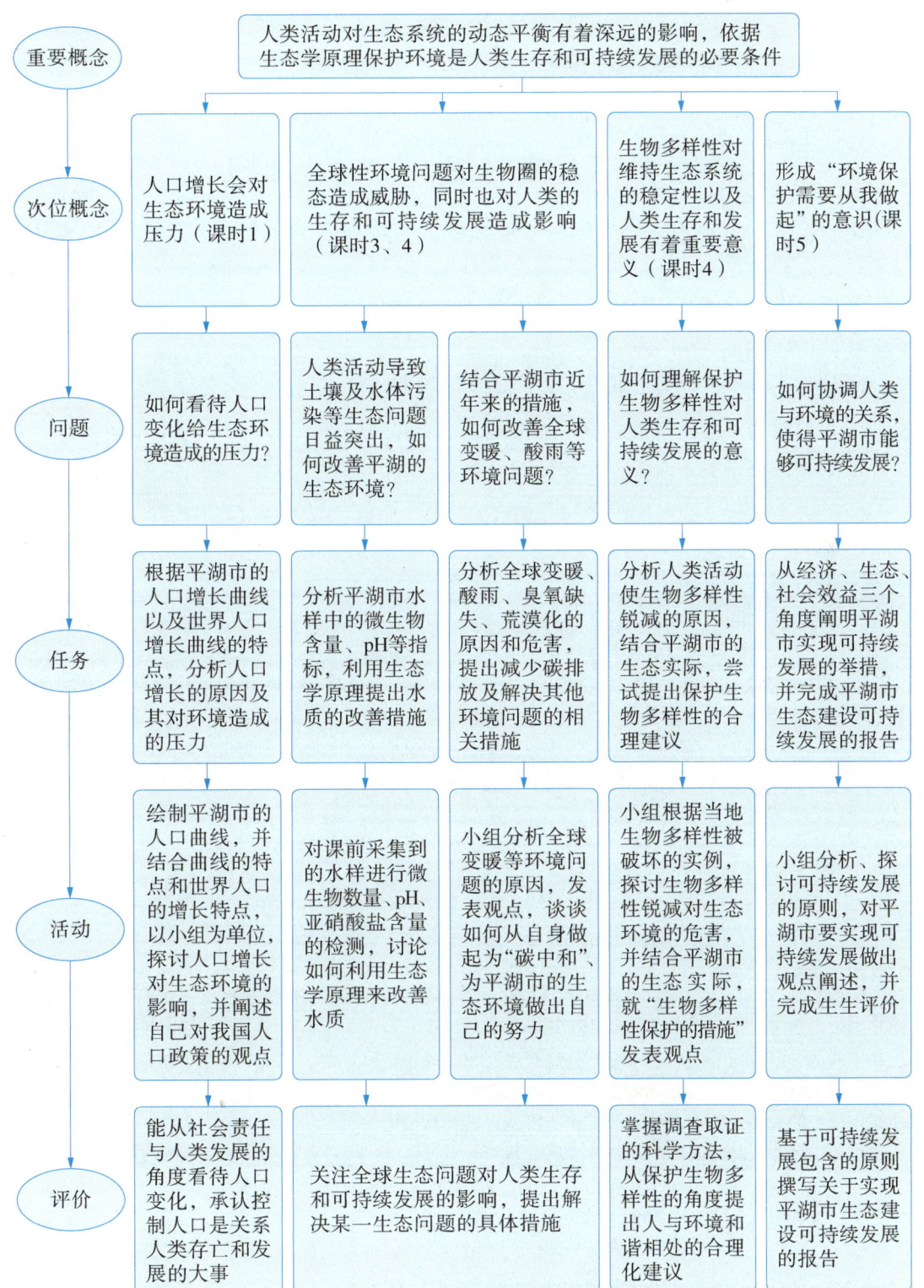

图 4-2 单元 4 教学流程

五、课时教学实例

课时 1 人口增长会对生态环境造成压力

课堂实录

（一）课时概念解析

本课时的概念为"人口增长会对生态环境造成压力"，该概念的建构需要以下基本概念和证据的支持：

1. 近一个世纪世界人口激增。
2. 人口激增引起全球性的粮食、土地、水资源短缺以及环境污染等生态问题。
3. 控制人口是关系人类存亡和发展的大事。

（二）课堂实录

教学环节	课　堂　实　录	专业点评
创设单元情境，提出核心问题	**创设情境**　播放平湖市宣传片，呈现平湖市良好的生态环境。平湖市素有鱼米之乡、瓜灯之城、文化之邦的美称。学习本单元，主要就是基于平湖市的人口变化，对平湖市的水环境、野生动植物保护，以及对自然资源的利用等方面进行探讨和交流，从而帮助大家利用生态学原理，从控制人口、生态问题等方面完成对平湖市未来可持续发展的建设性报告。 **单元核心问题**　如何利用生态学原理协调人类与环境的关系，使得平湖市在社会经济与人口、资源、环境这4个方面的协调发展？ **课时核心问题**　如何看待人口变化给生态环境造成的压力？	导入环节更多的是教师的直观阐述，建议可适当增加师生间的评价和质疑，以激发学生的思维冲突。
任务1：构建平湖市近20年的人口增长曲线	**呈现资料**　照片：前几年平湖市乡镇及市域某些角落的环境状况。当时河水污染严重，乡村的某些角落垃圾成堆，环境污染严重。 **学生活动**　谈谈对环境保护的看法。 **教师提问**　美丽的环境依靠人类的建设，污染的环境也是因为人类的破坏，那么人类怎么样才能协调自己与环境的关系呢？在协调这种关系时，人口是多还是少更有利？ **呈现资料**　平湖市历年人口数据。近20年来，平湖市人口整体呈现增长趋势，在2008年前后人口波动较大。 **学生活动**　根据资料绘制平湖市人口增长曲线。展示、评价、修正并补充，结果如图4-3所示。	通过分析增长曲线的趋势，学生探讨了市域人口变化的原因，认识了平湖市人口变化与世界人口变化的相关性。

续表

教学环节	课 堂 实 录	专业点评
任务1：构建平湖市近20年的人口增长曲线	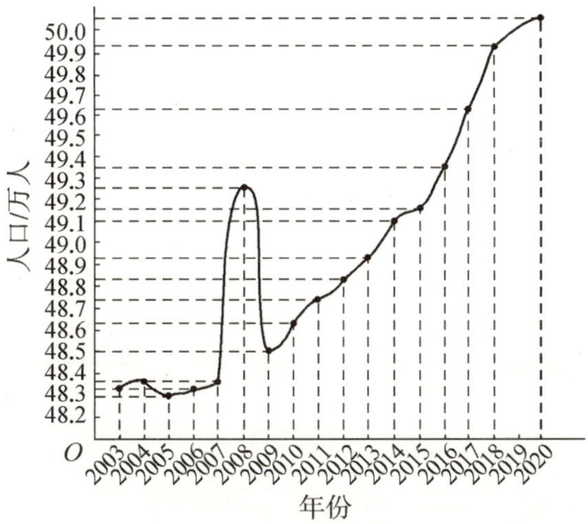 图4-3 平湖市近20年的人口增长曲线 **教师提问** 结合教科书资料，分析曲线中2009年至2010年人口增长较快和2014年至2015年人口增长缓慢的原因。 **学生活动** 通过阅读教科书及课外资料，提炼并整合相关信息，尝试从宏观和微观两个角度，交流曲线中这两个时间段人口增长速率不同的原因。 **教师总结** 工业化、农业生产技术和医学科技进步是人口激增的主要原因；20世纪50年代相关政策的推行、外来人口的迁入等导致了人口增长；毕业生外流等因素导致了人口减少。了解了平湖市的人口变化，那世界人口的变化又是如何的？ **学生活动** 概述平湖市和世界人口变化的趋势及其原因。	在呈现学生的绘制成果时，教师应适当组织学生进行评价和修正，在利用问题引导学生归纳人口增长原因时，可以多让几个学生回答，以充分调动学生的学习积极性。在分析和归纳人口增长原因时，教师应尽量避免直接陈述，建议让学生自主阅读教科书并归纳，以便调动学生的学习主动性。
任务2：探讨平湖市人口增长的利弊	**教师提问** 通过任务1的学习，我们知道了近20年平湖市乃至世界人口增长迅速。那么人口激增对社会发展和环境到底是有利还是有弊呢？ **学生活动** 以小组为单位就"人口增长带来的利弊"内容选取一个主题进行合作交流和探讨： 学生代表1：基于课前准备的资料，对人口增长的弊端进行概述，主要围绕粮食短缺、水资源短缺等方面展开交流。 学生代表2：通过课前准备的资料，对人口增长的弊端进行补充，主要围绕土壤资源短缺、水体污染等方面展开交流。 **师生归纳** 归纳总结人口增长带来的弊端。 **教师总结** 当人口越来越多时，人类对自然资源的需求也会越来越大，因此人口激增会导致自然资源短缺，生态环境变得恶劣。 **教师提问** 人口增长对平湖市的发展有什么弊端？	这个任务可以帮助学生掌握归纳与概括的科学思维方法，并且渗透了"从自身做起保护环境"的社会责任。

续表

教学环节	课　堂　实　录	专业点评
任务2：探讨平湖市人口增长的利弊	**呈现资料**　人口增长过快引发了如就业压力大、住房价格高、环境污染等一系列问题，这些问题给平湖市的发展带来了一些阻碍。 **学生活动**　从就业困难、环境污染、交通拥挤、住房压力以及工业污染等方面展开讨论和交流： 学生代表3：我们通过对课前资料的分析，对人口增长带来的益处进行了概述，主要围绕人口红利、城市建设、人口素质等方面展开交流。 **教师陈述**　认同学生代表的观点，但就当下人口情况而言，人口增长带来的弊端相当明显。 **评价任务**　作为美丽平湖的下一代建设者，面临当下人口问题，我们应该怎么做？ **师生归纳**　控制人口是关系人类存亡和发展的大事。	建议教师在学生阐明观点后，组织生生评价和交流，深入分析人口增长对平湖市社会、经济、生态等方面的影响，以小见大、以点串面，充分调动课堂氛围。
任务3：分析世界人口的现状及控制人口的举措	**过渡**　既然控制人口关系着人类的繁衍和生存，那么世界各国又各自面临着怎样的人口问题，各自出台了哪些政策？ **学生活动**　独立分析材料1和材料2，再对材料进行整合，完成表格（表4-1）后，小组合作交流、修正并展示表格。 表4-1　个别国家的人口状况及相应举措 | 国　　家 | 人口状况 | 相应举措 | |---|---|---| | 中　国 | | | | 美　国 | | | | 日　本 | | | | 欧洲发达国家 | | | | 非洲发展中国家 | | | 材料1：发达国家与发展中国家的人口现状。 欧洲发达国家，由于人口自然增长率低，人口增长缓慢，很多国家的人口都接近零增长。美国人口老龄化问题并不十分突出，这主要得益于其他国家人口的大量迁入。发展中国家人口自然增长率较高，各国人口增长较快，各国人口数量不断增加，对自然环境的压力也在逐渐增加。我国人口问题和大多数发展中国家的不同，目前我国人口超过14亿，低自然增长率使得我国人口老龄化问题不断加剧。	通过独立分析材料、小组合作探讨，学生从国家层面认识、概括各国的人口状况和相应的控制举措。这样的合作探讨模式能够高效调动学生的主观能动性，以此培养学生的科学探究能力。

续表

教学环节	课 堂 实 录	专业点评
任务3：分析世界人口的现状及控制人口的举措	材料2：个别国家关于人口的举措。 美国政府在人口政策上奉行鼓励多生。日本采取的对策主要有：鼓励生育、推迟退休年龄、提早征收养老保障年金等。非洲人口增长快，非洲各国政府无法有效控制基层，缺少能够稳定推行强制性政策的长效机制。 **教师评价** 基于学生的相互点评进行适当的补充。 **教师提问** 在当今形势下，我国为什么要放开"三孩"政策？"三孩"与之前的"计划生育"政策是否矛盾？ **学生回答** 不矛盾，依据当下国情推行相应的人口政策。	学生对控制人口的重要性已有一定的认知，教师以点带面，自然而然地引出其他国家的人口和相应的政策；通过师生对话和生生交流，增加学生对我国阶段性控制人口的举措的认同感。
概念应用，交流评价	**评价** 立足特定的情境提出相关的评价性问题，引发学生的思辨迁移： 关联情境：如何理解"控制人口是关系人类存亡和发展的大事"？ 评价意图：我们有责任积极响应国家的政策，立足于我国人口状况开展人口控制政策的探讨和交流。这个过程可以发展学生分析与推理、归纳与概括的科学思维方法，鼓励学生未来为国家人口发展承担相应的职责和义务，充分挖掘学生内心深处爱家、护家的情感，培养学生的社会责任感。教师在培养学生良好道德情操的同时，落实了立德树人的根本目标。	本环节承载着社会责任核心素养的落实。学生在真实的情境中思辨和探讨，内化生物学概念，认同"控制人口是关系人类存亡和发展的大事"。
课堂小结	**教师陈述** 通过本课时的学习，我们已经清晰地认识到控制人口的重要性，也从社会责任的角度认识到我们有责任响应国家的政策，为祖国的发展贡献自己的力量，我们也需要为家庭血脉的传承，承担自己应尽的义务。	结尾过于仓促，建议教师抛出以下问题：人口增长对全球生态环境的危害具体表现在哪里？以此为下一课时做好铺垫。
板书设计	本课时的板书设计如图4-4所示。 第一节　人口增长会对生态环境造成压力 人口增长对环境造成的压力 ｛ 自然资源短缺：① 粮食短缺　② 水资源短缺　③ 土壤资源短缺 环境污染：① 水体污染　② 大气污染 图4-4　本课时的板书设计	教师搭建板书框架，围绕课堂活动，组织学生对板书进行优化和补充，以此帮助学生构建具有逻辑层次的科学思维体系。

（三）教学反思

本课时的亮点主要体现在三个方面：一是围绕平湖市当地的人口状况展开问题的探讨，关注学生的概念动态生成。我以平湖市人口与环境的联系为主线，利用平湖市宣传片相继呈现了水环境、野生动植物保护以及环境资源循环利用等内容来导入本课时的学习，再与环境治理前平湖市污染状况的照片形成鲜明对比，让学生认同良好生态环境的保护需要依靠每个人的努力的观念，发展学生的社会责任素养；然后引导学生进行人口增长曲线的绘制，发展模型与建模科学思维方法；再通过具体问题串的牵引，帮助学生建立本课时的学习主线，清晰地完成相关概念的生成。二是基于合作探讨和任务分析，关注社会责任素养的进阶。为有效渗透社会责任等核心素养，在人口激增利弊的讨论中，我采用了小组合作、代表发言等模式开展探讨型活动教学；以观点构建探究脉络，通过生生互评，促进学生对"人口激增对生态环境造成压力"这一事实的认同，充分调动了学生的主动性；通过评价性问题，归纳整合"美丽平湖建设"的事实依据，并贯穿主线引出"控制人口是关系人类存亡和发展的大事"的重要观点。"情境—任务—活动"一体化教学帮助学生厘清了控制人口与环境建设的关系，让学生依托具体的事实证据支撑重要概念的形成与落实。三是基于文字材料的解读，关注核心概念的落实和延伸。本课时呈现了各个国家的人口状况及其相应措施，学生通过自主分析、合作交流，尝试从国家层面感受和认同控制人口举措的重要意义。通过归纳和比较后，学生能够理性解释"计划生育"以及"三孩"政策给我国社会发展带来的重要价值，从社会责任的角度学会用发展的眼光看待人口的控制，清楚认识自己需要承担的义务和责任，为家乡乃至国家的发展贡献一份力量。

本课时存在的不足之处：在真实的课堂背景下，我基于数学模型的构建进行教学，预设的目标基本达成，但是学生在分析人口增长原因时，不能很好地提炼材料中的有效信息。此时，我可以尝试组织学生通过小组之间的探讨和交流，引导学生深入思考。任务 2 学生在上台发言时，生生讨论略显仓促，课堂环节的紧密度和动态生成还不够，生生互评还需进一步加强。我应设计多角度、多样化评价模式以有效量化评价内容，以达成社会责任等核心素养的渗透。

（四）总体评析

作为本单元教学的第一课时，本课时具有搭建整体教学内容框架的作用，是学生探讨人类与环境关系的关键。本课时基于人口增长对生态环境造成压力这一既定事实展开，引导学生理性认识人口调控政策对我国社会发展的重要作用，也让学生逐步体悟要

从社会责任的角度,用发展的眼光看待人口控制的重要性。本课时的教学设计和课堂实施表现出以下特点:

1. 围绕活动构建数学模型,有效落实概念建构。

模型构建是概念形成的重要途径,也是科学研究与分析的重要方式。在任务 1 的教学中,教师围绕平湖市人口真实数据,引导学生合理运用并构建曲线模型。学生亲历增长曲线的绘制过程,借助资料分析、思考和生生交流的形式,实现对人口变化原因的归纳与概括。学生再基于问题串将抽象的数据以图像的形式表现出来,透彻理解人口变化的方向,从而从社会责任的角度认识控制人口的重要性。此外,在构建模型的过程中,学生也逐渐掌握了建模方法,发展了科学思维。

2. 聚焦主题达成结构化探讨,有效促进概念理解。

在任务 2 的教学中,教师设置了关于人口激增利弊的探讨活动,制造认知冲突,引导学生通过合作交流、组内探讨、小组评价的方式,尝试在真实情境下展示观点和知识迁移。在多位学生表达观点后,教师进行了整体性评价与补充,有效激发了学生的学习兴趣,也顺理成章地促进了学生对相关概念的理解与体会。任务的实施不仅关系到学生归纳与概括、分析与整合能力的培养,也为实现学生社会责任的进一步发展开拓了重要路径。

3. 紧扣目标创设生成性评价,有效提升概念进阶。

从社会责任角度分析,教师在每个任务中都设计了相关的教学评价。例如,"作为美丽平湖的下一代建设者,面临当下人口问题,我们应该怎么做""在当今形势下,我国为什么要放开'三孩'政策?'三孩'与之前的'计划生育'政策是否矛盾"等问题巧妙地引导学生以合作探讨、小组交流的方式统一观点,有效地激发学生爱国、爱家乡之情,实现学生情感态度价值观的培养和发展。此外,在本课时的教学评价中,教师注重小组间的活动和分享,通过组间评价有效互动,促进了学生的思维冲突与碰撞,再通过修正观点来达成共识,培养了学生的社会责任感。

4. 改进建议。

单元教学设计要研究指向学科核心素养的单元学习目标、"情境—问题—活动—评价"为主线的单元教学蓝图和学科素养达成为导向的单元教学评价等要素,因此,教师在课堂教学中的评价需要强化。本课时非常注重情境创设和活动探讨,容量比较大,在这些活动的处理上,教师可以尽可能地放开手脚,让学生自主分析,相互评价,让更多的学生参与到任务的探讨和交流中。此外,建议教师将生生评价作为评价环节关注的重点,想方设法地暴露学生的思维盲区并加以纠正才能提高课堂学习的有效性。

(本课时由浙江省平湖中学傅亮老师设计和执教)

课时 2　人类活动导致全球性环境问题日益突出（1）

（一）课时概念解析

本课时的概念为"全球性环境问题对生物圈的稳态造成威胁，同时也对人类的生存和可持续发展造成影响"，该概念的建构需要以下基本概念和证据的支持：

1. 土壤及水体污染严重。
2. 平湖市新埭镇同心村水体污染经过治理得到了改善。

（二）课堂实录

教学环节	课　堂　实　录	专业点评
创设情境，导入新课，提出核心问题	创设情境　平湖市2005年末户籍总人口为48.31万人。人口的增多使得劳动力增多，经济快速发展。2005年全市实现生产总值164.33亿元，人均生产总值达33995元。但在经济快速发展的同时，平湖市也出现了很多环境问题。 核心问题　人类活动导致土壤及水体污染等生态问题日益突出，如何改善平湖的生态环境？	根据单元情境下的子情境，教师从平湖市人口、经济、环境引出本课时的核心问题。
任务1：分析土壤污染、水体污染对生物的危害	呈现资料 ① 照片：2005年平湖市曹桥野马村一块扔有空农药瓶的农田。 ② 2000—2004年平湖市单位播种面积的化肥施用量，远远超过发达国家为防止化肥污染而设置的 225 kg/hm^2 的安全上限。 教师提问 ① 平湖市土壤污染的污染源主要是什么？ ② 土壤污染对人体是否会有危害？ ③ 图中野马村的农田若经过大雨的冲刷，会引起哪种环境问题？ 学生活动　通过阅读资料获取其中的关键信息，得出平湖市土壤污染的污染源主要是农药和化肥。结合生态学相关知识推论土壤中的重金属等有害物质可以通过生物富集从而对人体产生危害，分析得到土壤污染和水体污染之间的联系：土壤污染在一定程度上会加重水体污染。 教师提问　结合水的功能，思考水体污染会给人类带来哪些危害。 呈现资料　2005年6月的一则报道：江浙边界北支河水发黑，出现大量死鱼。受河水影响，北支下游村庄约三万人的饮用水厂被迫停水。调查数据表明，污染源来自某某公司。 学生活动　结合必修1模块中的"细胞的分子组成"内容回顾水对生物的重要意义，从上述新闻中体会水体污染给人类带来的危害。	教师通过平湖市2005年土壤污染情况的呈现，引导学生归纳平湖市土壤污染的原因，以问题串的形式引导学生归纳土壤污染、水体污染之间的联系。 本环节通过分析资料、提出问题、分析问题等过程，培养学生提取材料信息、运用前概念进行知识迁移的能力，让学生体会水体污染对人类发展的危害。

续表

教学环节	课 堂 实 录	专业点评
任务1: 分析土壤污染、水体污染对生物的危害	呈现资料 ① 照片：2005年新埭镇同心村河流富营养化的情况，曹桥部分村庄禽畜粪便直排导致河水污染。 ② 平湖市各乡镇污染源的综合评价情况，以及各乡镇污染源的情况。 ③ 2000—2005年平湖市禽畜饲养量的变化情况（图4-5）。 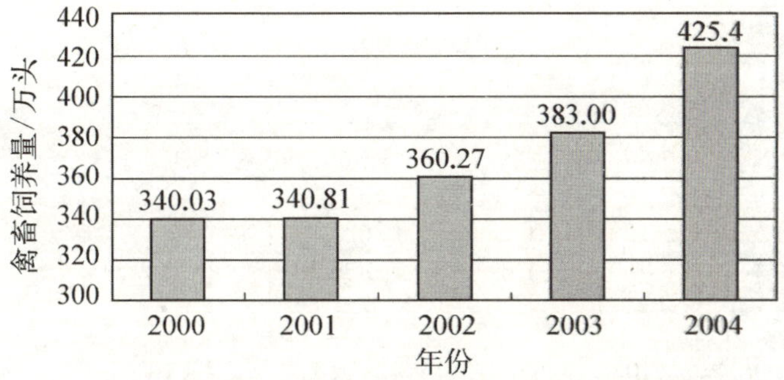 图4-5 2000—2005年平湖市禽畜饲养量变化 学生活动 结合资料分析2005年平湖市水体污染严重的原因。 教师提问 如果你是平湖市环境保护局局长，你想采取哪些措施来拯救平湖市的水环境。 学生活动 谈一谈改进水体污染的措施。	平湖市各乡镇污染源的综合评价数据可以让学生找到平湖市水体污染的主要原因，并提出相应的解决措施。该情境有助于优化学习过程，培养学生解决实际问题的能力。
任务2: 检测水质并根据实验数据分析平湖市的水质状况	教师提问 2005年平湖市水体污染非常严重。我们将对东湖、新埭镇同心村、校园的水样进行检测，了解2021年平湖市的水环境又是如何的。 呈现资料 从东湖、新埭镇同心村、校园获取水样的视频。 学生活动 ① 用水质调查盒分别检测水样的溶解氧、氨氮、亚硝酸盐含量以及pH。 ② 计数事先涂布培养的微生物固态平板中的菌落数并计算微生物的含量。其中将溶解氧、氨氮的数据与优质地表水的标准进行比较，并将水体分类，将结果填入水质调查表中。每组的数据记录表由教师拍照上传，进行数据分析后学生间相互评价实验结果。 ③ 展示微生物培养的照片，分享对不同组别微生物菌落数的直观感受。东湖组、新埭镇同心村组的菌落数较少，校园组中食堂附近河流的菌落数较多。 ④ 展示水质检测结果（表4-2）。	学生通过实验领悟了探究的过程，培养了科学分析数据并得出结论等能力，发展了科学探究能力和科学思维。在分析水质调查数据的过程中，学生生成问题、发现错误、纠正错误，体现了课堂是动态的、不断生成的。

续表

<table>
<tr><th>教学环节</th><th>课 堂 实 录</th><th>专业点评</th></tr>
<tr><td>任务2：检测水质并根据实验数据分析平湖市的水质状况</td><td>表4-2 水质检测结果
<table>
<tr><th>水样来源</th><th>新埭镇</th><th>东湖</th><th>校园（教学楼边）</th><th>校园（食堂边）</th></tr>
<tr><td>溶解氧含量/（$mg \cdot L^{-1}$）</td><td>8.0（Ⅰ类）</td><td>8.0（Ⅰ类）</td><td>7.0（Ⅱ类）</td><td>3.0（Ⅳ类）</td></tr>
<tr><td>亚硝酸盐含量/（$mg \cdot L^{-1}$）</td><td>0.05</td><td>0.05</td><td>0.05</td><td>0.05</td></tr>
<tr><td>pH</td><td>7.6</td><td>7.6</td><td>7.6</td><td>6.8</td></tr>
<tr><td>氨氮含量/（$mg \cdot L^{-1}$）</td><td>< 0.2（Ⅰ类）</td><td>0.2（Ⅰ类）</td><td>0.5（Ⅰ类）</td><td>1.70（Ⅳ类）</td></tr>
<tr><td>细菌数（个/mL）</td><td>2×10^4</td><td>4733</td><td>4.5×10^4</td><td>2.4×10^5</td></tr>
</table>
教师总结　新埭镇同心村、东湖的水样在一些指标上接近Ⅰ类或Ⅱ类水质，校园水样1情况良好，校园水样2（食堂边的河流区域）的较多数据表明此水体污染较为严重。综合考虑，本次检测结果显示总体水质良好。</td><td>在检测数据的分享讨论环节，学生的自主分析、自我评价、相互评价还需要进一步加强。</td></tr>
<tr><td>任务3：举例说明保护水环境的意义</td><td>引导　这些数据说明了平湖市这几年在水环境治理上有了一定的成效。新埭镇组的同学在本次取样过程中还意外发现了一项平湖市改善水环境的新举措。校园组的同学在取水样的过程中发现了一些问题。
学生活动
学生代表1：呈现新埭镇同心村一条沟渠的照片，介绍平湖市开创的农田废水零直排技术。展示生态沟渠的构造及其依据的生态学原理。
学生代表2：展示学校河流的部分照片，分析校园河流现存的一些问题，如水葫芦蔓延、水生植物残枝败叶未清理、食堂排污口排放灰色废水，并为校园水质的提升提出自己的建议。</td><td>本环节开拓了学生的视野，解决了相关现实问题，体现了社会责任这一核心素养。</td></tr>
<tr><td>课堂小结</td><td>教师陈述　通过本课时的学习，我们分析了平湖市十几年前水质较差的原因，并展开了水质调查活动，体会了平湖市在改善水环境中付出的努力，清晰地认识到保护水环境是每个人义不容辞的社会责任。此外还有其他的环境问题，如全球变暖、臭氧缺失、酸雨、荒漠化，这些环境问题的原因、危害及其对应的措施我们将在下个课时继续展开探讨。</td><td>教师总结回顾本课时完成的任务，回归主线，抛出其他环境问题，引出下文。</td></tr>
</table>

续表

教学环节	课 堂 实 录	专业点评
概念应用，交流评价	评价　本课时立足特定情境提出了相关评价性问题，引发学生的思辨迁移： 关联情景：水质检测数据说明东湖水质得到了改善，对于东湖水质的进一步提升，你有何建议？ 评价意图：联系学生生活，围绕东湖水质的提升，让学生将已学知识迁移到实际问题中来，在应用知识的同时培养学生的社会责任感。	本课时的教学评价结合学生生活实际，关联真实情境，学生围绕东湖水质，应用生物学原理尝试解决真实情境中的问题。
板书设计	本课时的板书设计如图4-6所示。 课时2　人类活动导致全球性生态环境问题日益突出 污染源　　特点　　　污染源　　措施 ↖　　↗　　　　　↖　　↗ 土壤污染　—加重→　水体污染 图4-6　本课时的板书设计	本课时的板书以思维导图的形式展开，反映了土壤污染和水体污染之间的联系。建议教师在板书中突出概念间的逻辑关系，更好地体现层次感。

（三）教学反思

本课时的亮点主要体现在两个方面：一是注重学生在真实情境中的体验。我选择平湖市曾经的典型环境问题即水体污染，结合平湖市真实的照片和数据等相关资料，以平湖市水环境的变化为主线，创设带有具体问题和情感的学习环境，从而激发和培养学生的创新思维，锻炼学生解决问题的能力。本课时将学习内容与学生生活特别是校园生活相联系，我采用真实情境中的问题有利于学生在解决问题的过程中活化知识。例如，平湖市水体污染的治理这一真实情境可以帮助学生发展核心素养、落实保护水环境的社会责任。本课时情境有生活的，也有人文的，学生在分析、讨论、交流的过程中提升了思维水平。二是在实验探究中真正落实了核心素养的发展。水质调查是本课时的重点、难点，该过程比较耗时，课堂中只能完成关键步骤即相关指标的检测。学生自主和合作完成水质检测实验，实验操作、结果记录、数据分析、交流分享等科学探究过程强化了学生的科学探究能力，发展了学生的科学思维。在前期准备过程中，学生实地考察、取样、培养微生物，这些亲身体验能够促使学生对平湖市的水环境现状有更深刻的了解，也更能激发学生对水环境保护的热情和对水质调查的兴趣。通过调查和科学探究，学生运用稳态与平衡观提出了水环境保护建议，并以实际行动参与水环境的保护。

本课时存在的不足之处：实验分组有不合理的地方。由于学校实验设备数量的限制，每组人数过多，这不利于实验时间的合理分配。实验数据的分析处理如学生在自我分析的过程中，生生互评还不够到位，实验结果的交流和分析不够充分。不同水样各项数据的差异，其背后的深层次原因和生态学原理分别是什么？学生对相关问题的思考深度明显还不够。任务 3 中学生在给校园水质提建议时，应不局限于让校园组学生发言，校园是学生最熟悉的环境，可以课前布置任务以让更多的学生参与进来。本课时的师生互动较多，而生生互动比较缺乏。针对小组活动，我应采用多种形式的评价促进学习，还可以应用评价量表进行科学的评价，激发学生的学习激情。

（四）总体评析

本课时探究了土壤污染和水体污染与人类的关系，围绕平湖市水体污染开展了水质调查活动。教师引导学生对水体污染的原因进行分析，在水质调查过程中逐步提升了学生的社会责任感和科学探究能力，渗透了当代青年有义务、有责任保护水环境的观念。本课时的教学设计和课堂实施表现出以下特点：

1. 使用真情境，解决真问题，发展社会责任核心素养。

建构主义学习理论指出：知识是学习者在情境中建构和理解的产物。因此，学习活动需要创设真实的情境激发学生兴趣，设计明确的任务诱发学生思考、引导学生自主或合作建构相关知识等，最终帮助学生在各种真实的情境、持续的社会互动中，和不断解决问题的过程中发展核心素养。本课时情境是平湖市水体污染的治理，有主线，有递进，既联系了学生实际，又挖掘了生活中的"教科书"，让学生真切地感受到学习内容与生活的联系。通过本课时的学习，学生能分析、探讨人类活动对水环境的影响，能运用生态学原理为校园水质的提升提出建议，发展了社会责任和科学思维的核心素养。

2. 实地调研，实验分析，提升科学探究能力。

"分析平湖市水样中的微生物含量、pH 等指标，利用生态学原理提出水质的改善措施"是本课时的核心任务。围绕任务开展的各种活动促进了学生核心素养的发展，其中实验活动的作用尤为突出，但是由于实验条件有限及课时安排紧张等，很少有学校能实际开展本课时的实验活动。本课时的教学抓住了平湖市典型环境问题水体污染展开，课前教师带领学生实地考察，观察河流整体情况和周边环境，并取样和培养微生物。在前期的每一个环节中，学生都得到了真实体验，其中微生物的培养这一环节锻炼了学生的微生物培养相关基本操作技能，如培养基的配置、固体平板的制作、稀释涂布平板培养。在课堂中展开水质检测活动，小组合作完成检测并记录、处理数据，结合地表水水质检测标准和不同小组数据对水质进行分析,提高了学生的科学探究能力,发展了学生的科学思维。

3. 改进建议。

对于课堂水质分析活动的分组设置,建议一个小组可以设置 4 到 5 人,这样学生的实验体验会更佳。关于水质检测中微生物数量这一指标,学生在课堂上只通过各组之间的对比进行分析,缺少更为科学的衡量指标。在问题设置上,本课时的问题缺少深度,没有让课堂沉下来,也没有引导学生进行深层次的思考。同时本课时多元化的评价略显不足,教师注重对学生学习的评价和肯定,但学生之间的评价较少。在开展调查活动后,建议教师结合专题教育,开展交流活动,使活动更为深入。

(本课时由浙江省平湖中学汪敏杰老师设计和执教)

课堂实录

课时 3　人类活动导致全球性环境问题日益突出(2)

(一)课时概念解析

本课时的概念为"全球性环境问题对生物圈的稳态造成威胁,同时也对人类的生存和可持续发展造成影响",该概念的建构需要以下基本概念和证据的支持:

1. 大量排放二氧化碳导致全球变暖。
2. 臭氧减少危及地球所有生物。
3. 全球各地普降酸雨。
4. 荒漠化不断扩大。

(二)课堂实录

教学环节	课　堂　实　录	专业点评
创设情境,导入新课,提出核心问题	**导入**　联系上节课探讨的土壤污染、水体污染引出全球面临的其他生态环境问题,呈现本课时的三个学习任务。 **创设情境**　展示学生暑期去平湖市气象局调研的照片。呈现气象局提供的 1954—2020 年平湖市气温年代际的变化,由数据可知,平湖市的气温在变高。呈现世界气温变化曲线,由曲线图可知,全球变暖日益严重。 **核心问题**　结合平湖市近年来的措施,如何改善全球变暖、酸雨等环境问题?	教师联系上节课,引出本课时的内容,结合学生暑期调研结果展示课时情境,提出本课时核心问题。

续表

教学环节	课 堂 实 录	专业点评
任务1：分析全球变暖的原因	呈现资料 ① 高温对人体稳态的影响。 ② 全球冰川融化的情况。 ③ 气象学家预言海平面上升将导致的严重情况。 ④ 全球变暖导致蝗灾更为严重。 学生活动　探讨全球变暖对人类产生的影响，小组交流分享： ① 列举全球变暖对人类的影响。 ② 结合温室效应形成模型阐述对温室效应的理解。 ③ 结合碳循环分析全球持续变暖的原因。 教师总结　全球变暖，不仅会对我们的身体有影响，对我们的生存环境也会有影响，未来如果加剧变暖，全球变暖将不再只是一个气候问题，会演变成人类和其他生物的生存问题。 学生交流　温室效应就是地球的温室气体捕获了部分热能，当热能的捕获和热能的散失保持动态平衡时，地球便会维持在一个适宜人类生存的温度。 教师补充　我们要合理看待温室效应对地球的影响，没有温室效应，地球温度会过低，生物没法生存。温室效应逐渐加强带来了全球变暖。 学生交流　由碳循环可知，大气中的二氧化碳有多种来源，而吸收二氧化碳主要依靠植物的光合作用。植物的光合作用是有限的，而人类大量燃烧化石使地球二氧化碳日益增多。 教师总结　温室效应日益加强的原因归根结底是人类活动使二氧化碳的动态平衡被打破了，破坏了生态系统的稳态。 学生交流　结合资料：① 平湖市近几十年的气温变化，② 近年来中国二氧化碳排放量的变化，③ 平湖市近年来经济发展的情况，思考并讨论： ① 你认为2001—2011年平湖市气温上升幅度较大的原因是什么？ ② 2011—2020年中国气温无明显上升说明了什么？ 学生交流：2001—2011年平湖市气温上升幅度较大。由资料②可知，当时二氧化碳排放较多，由资料③可知当时平湖市有很多外资企业，建立了很多工厂，温室气体排放量剧增。2011—2020年气温无明显变化，说明政府采取了一些措施来控制二氧化碳的排放。	问题串可以由浅入深地引导学生深入思考全球变暖背后的原因，合理认识温室效应对地球的影响，辩证地看待温室效应，提升思辨能力。学生应用知识分析实际问题，锻炼了运用科学方法解决实际问题的能力，形成了科学的态度和精神。
任务2：提出减少二氧化碳排放的措施	引导　控制二氧化碳的排放不仅是平湖市，也是中国乃至全球正在努力的事。让我们了解当下的热点：碳达峰和碳中和。 呈现资料　碳达峰指的是碳排放量由增转降的历史拐点，碳中和是指全社会直接或间接产生的温室气体排放量总量，通过植树造林等形式抵消，达到相对零排放。	

续表

教学环节	课 堂 实 录	专业点评
任务2：提出减少二氧化碳排放的措施	**学生活动**　根据关于碳达峰、碳中和的介绍，绘制碳达峰示意图、碳中和关系图（图4-7、图4-8）。 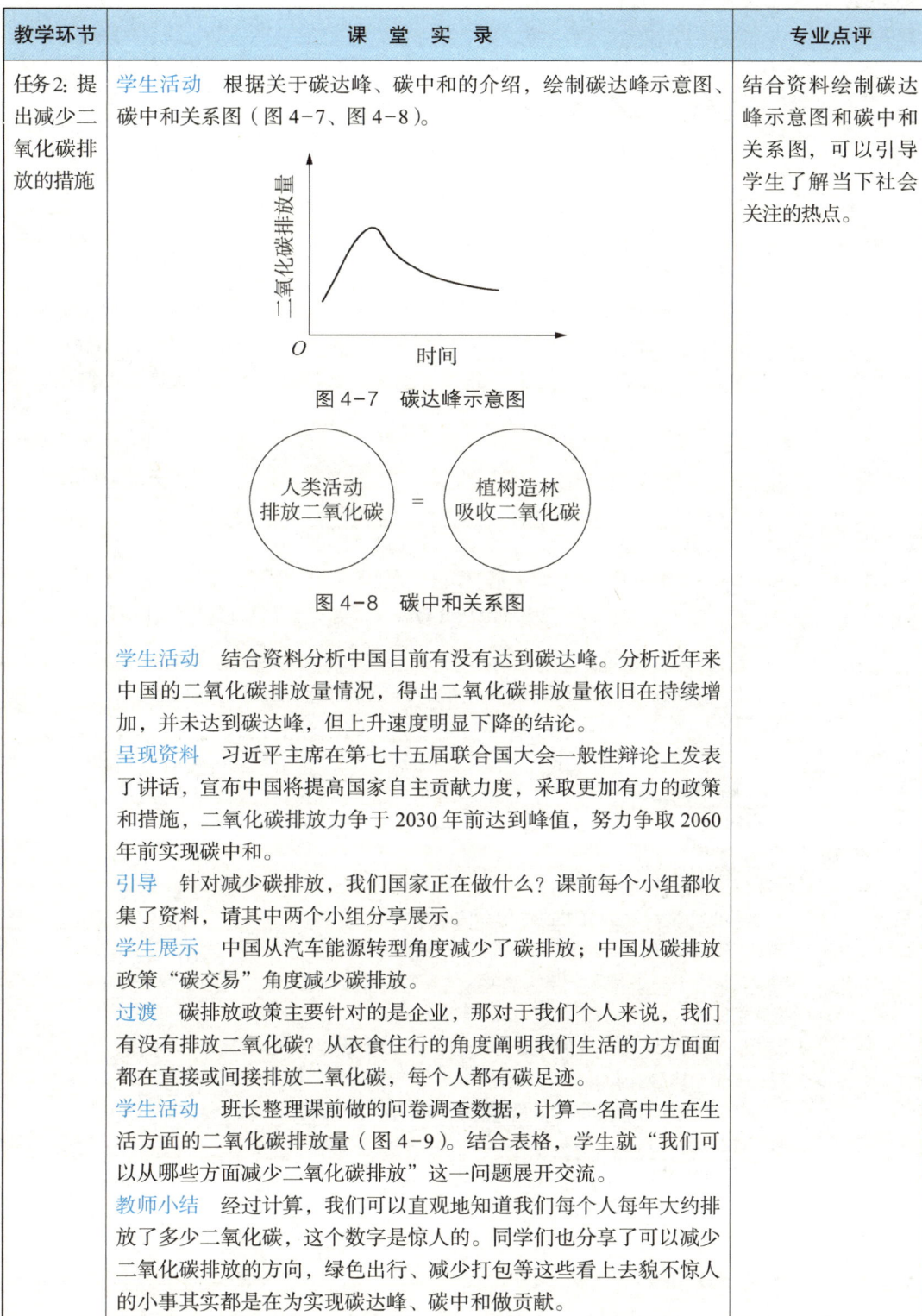 图4-7　碳达峰示意图 图4-8　碳中和关系图 **学生活动**　结合资料分析中国目前有没有达到碳达峰。分析近年来中国的二氧化碳排放量情况，得出二氧化碳排放量依旧在持续增加，并未达到碳达峰，但上升速度明显下降的结论。 **呈现资料**　习近平主席在第七十五届联合国大会一般性辩论上发表了讲话，宣布中国将提高国家自主贡献力度，采取更加有力的政策和措施，二氧化碳排放力争于2030年前达到峰值，努力争取2060年前实现碳中和。 **引导**　针对减少碳排放，我们国家正在做什么？课前每个小组都收集了资料，请其中两个小组分享展示。 **学生展示**　中国从汽车能源转型角度减少了碳排放；中国从碳排放政策"碳交易"角度减少碳排放。 **过渡**　碳排放政策主要针对的是企业，那对于我们个人来说，我们有没有排放二氧化碳？从衣食住行的角度阐明我们生活的方方面面都在直接或间接排放二氧化碳，每个人都有碳足迹。 **学生活动**　班长整理课前做的问卷调查数据，计算一名高中生在生活方面的二氧化碳排放量（图4-9）。结合表格，学生就"我们可以从哪些方面减少二氧化碳排放"这一问题展开交流。 **教师小结**　经过计算，我们可以直观地知道我们每个人每年大约排放了多少二氧化碳，这个数字是惊人的。同学们也分享了可以减少二氧化碳排放的方向，绿色出行、减少打包等这些看上去貌不惊人的小事其实都是在为实现碳达峰、碳中和做贡献。	结合资料绘制碳达峰示意图和碳中和关系图，可以引导学生了解当下社会关注的热点。

续表

教学环节	课 堂 实 录	专业点评
任务2：提出减少二氧化碳排放的措施	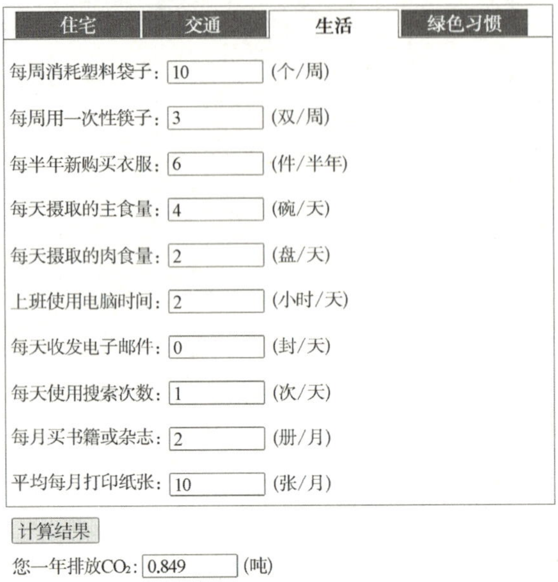 住宅　交通　生活　绿色习惯 每周消耗塑料袋子：10（个/周） 每周用一次性筷子：3（双/周） 每半年新购买衣服：6（件/半年） 每天摄取的主食量：4（碗/天） 每天摄取的肉食量：2（盘/天） 上班使用电脑时间：2（小时/天） 每天收发电子邮件：0（封/天） 每天使用搜索次数：1（次/天） 每月买书籍或杂志：2（册/月） 平均每月打印纸张：10（张/月） 计算结果 您一年排放CO_2：0.849（吨） 图4-9　碳足迹计算量表	计算碳足迹环节十分创新，学生对自身的碳排放也有了更直观的认识，加深了作为高中生也能为减少二氧化碳排放做贡献的观念，真切地感受到绿色生活带来的减量碳排放，提高了保护环境的社会责任感。但本活动的生生评价有所欠缺，建议完善。
任务3：分析酸雨、荒漠化、臭氧减少的原因，并提出合理化改善措施	**引导**　我们从危害、原因和措施三个角度探讨了全球变暖，接下来请同学们按照这个模式分析酸雨、荒漠化和臭氧减少3个环境问题。 **学生活动**　结合教科书、学案资料分析酸雨、荒漠化和臭氧减少的原因和危害，及其治理措施，完成表格，并思考下列3个问题： ①酸雨对人类有何影响？ ②从进化的角度谈谈臭氧对地球生命的意义。 ③若北方的荒漠化日益严重，对浙江会造成哪些影响？ 小组交流和修正，并展示表格（表4-3）。 学生交流： ①酸雨会腐蚀建筑，土壤中的重金属离子在酸雨的作用下会释放，会随食物链在人体富集。 ②臭氧的产生使得地球的紫外线辐射减少，生物实现了由水生生物向陆生生物的进化。 ③北方荒漠化对浙江省也会有所影响。 **教师评价**　对学生的交流进行点评和适当补充。	

续表

教学环节	课 堂 实 录	专业点评
任务3：分析造成酸雨、荒漠化、臭氧缺失的原因，并提出合理化改善措施	表4-3　各种环境问题的原因、危害和治理措施 	环境问题	原　因	危　害	措　施
---	---	---	---
土壤污染和水体污染	人类活动、化肥农药等污染	人体健康、工农业发展	控制化肥农药的使用，实行垃圾分类，治理工业"三废"
全球变暖	二氧化碳平衡受干扰	对人体生理和人类生存环境造成危害	制定相关政策，减少二氧化碳排放，绿色出行等
酸雨	硫化物和氮化物排放过多	普降酸雨，损坏建筑，影响生态系统	减少氮化物、硫化物的排放
臭氧缺失	含氯氟烃类气体的排放	紫外辐射加强，危及所有生物	减少使用相关物质
荒漠化	气候变暖和人类活动	耕地减少，生存地减少	大量植树造林 | **呈现资料** 资料1：平湖市的酸雨数据（表4-4）。平湖市近几年采取的措施，如大力推进脱硫脱硝工艺。 资料2：在蚂蚁森林活动中，我们收集绿色能量，种下真树木，减少荒漠化。 表4-4　平湖市近几年的雨水pH、酸雨率变化表 | 年　份	pH 均值	酸雨率/％
2014年	4.92	61.2
2015年	4.91	40.6
2016年	5.20	50
2017年	5.13	32.7
2018年	5.40	35.8
2019年	5.48	29.9
2020年	5.73	17.6	 **学生活动**　从上述资料中了解了平湖市在克服酸雨问题中所做的努力，并且认识到治理荒漠化是我们每个人都可以参与的。	自主学习有利于学生发挥主观能动性，发展科学思维、归纳与概括的能力。教师抛出的问题有层次，学生运用生物学规律和原理，对可能的结果或发展趋势做出了解释。建议教师先让学生结合资料，应用物质循环、能量流动和生态平衡原理等知识讨论问题，完成表格，然后针对表格中提出的相应措施进行学生评价和教师总结，这样更符合学生的认知规律。

续表

教学环节	课 堂 实 录	专业点评
概念应用，交流评价	**评价** 立足特定情境提出相关评价性问题，引发学生的思辨迁移： 关联情境：浙江省为减少中国北方的荒漠化可以做什么呢？ 评价意图：提升学生应用知识的能力，引导学生用科学的观点、生物学规律和原理，对可能的结果或发展趋势做出解释；训练学生的科学思维，渗透生命观、进化观、稳态与平衡观。	用生态学规律解释真实情境中的问题，贴近学生的生活。
课堂小结	**引导** 从刚才完成的表格中可以看出，每一个环境问题归根结底都是由人类活动引起的。人类活动导致生态环境的稳态被破坏，生态系统反过来作用于人类。经过这两节课的学习，你有何感想？ **学生交流** 我们作为生态系统的消费者，对生态系统的稳态也会造成很大的影响。作为中学生，我们可以低碳出行、节约资源、保护环境，从点滴小事做起，尽我们的一份责任。 **课后思考** 我们还能为平湖市的环境保护做些什么？	学生通过分享感受，提升了保护环境的社会责任感。最后教师抛出问题，将课堂内容延伸到了课外。
板书设计	本课时的板书设计如图4-10所示。 课时 3　人类活动导致全球性环境问题日益突出 一、土壤、水体污染 二、全球变暖　危害 ── 对人生理调节的影响／对人生存环境的影响 　　　　　　原因 ── 二氧化碳的平衡被打破了 　　　　　　措施 　　　　　　　　　　大气污染 ── 酸雨 三、臭氧缺失、荒漠化 图 4-10　本课时的板书设计	本课时板书为框架式结构，突出了本课时的重点——全球变暖问题。但本课时的板书构建方式较为传统，建议教师将部分板书留给学生处理或优化。

（三）教学反思

本课时的亮点主要体现在两个方面：一是将社会责任落实到学生真实体验中。本课时的课前实践活动很丰富，有去平湖市气象局、环境保护局进行采访，做调查问卷，收集资料完成课件的制作等活动，真正实现将课堂拓展到课外。我还组织学生演讲和计算一名高中生一年的二氧化碳排放量，这些体验式活动加深了学生对生物学概念的理解。在真实体验中学习有关概念、原理和规律，贴近生活，符合学生的认知规律。二是通过系列问题、学生活动驱动课堂。本课时分为三个阶段，每个阶段都有若干个活动，学生结合相关资料展开问题的探讨，交流分享后形成观念。整个过程都凸显了自主合作探究的学习方式。本课时的深层次问题锻炼了学生的思维。任务1中我通过问题串引导学生分析全球变暖的原因，形成概念后再抛出问题，结合平湖市的一些情况分析平湖市气温变化的原因。环环相扣，层层递进，实现了知识的迁移和应用。任务3中我针对3个环境问题设置了3个问题，这3个问题的解决落实了生命观、进化观、稳态与平衡观，渗透了核心素养。

本课时存在的不足之处：任务2中学生在交流国家减少碳排放的措施时，缺少生生评价。建议教师增加生生评价，在生生评价的过程中，学生可能会生成新的问题，再通过讨论，在思辨过程中发生思维碰撞，从而真正理解只有通过绿色生活才能帮助人类摆脱生态环境日益恶化的困境，真正做到从我做起，绿色生活。由于时间限制，任务3略显仓促，教师在任务3中过早地介入评价，没有给学生充足的时间思考。任务3的3个问题可以先进行小组讨论再回答，学生自主学习形成概念后完成表格，再运用已学知识解决实际问题，这样更符合学生的认知规律。

（四）总体评析

本课时结合生态学知识进一步探讨各种环境问题与人类活动之间的关系。聚焦全球变暖这一热点，教师引导学生分析全球变暖背后的原因，理解全球变暖环境问题的解决刻不容缓，并让学生尝试提出解决方案。这一系列的活动都渗透着社会责任这一核心素养，深化为保护环境贡献自己的力量是每一个当代青年应当承担的责任这一理念。本课时的教学设计和课堂实施表现出以下特点：

1. 注重实践，在学生活动中渗透社会责任。

课程标准的基本理念是着眼于学科核心素养，聚焦大概念，关注学生学习过程中的实践经历。要实现概念的迁移和拓展，教师要为学生提供新的情境，特别是动手和实践类的作业，尽可能地给学生提供实验、实践和交流、分享的机会。本课时学生活动丰富，教师带领学生去气象局、环境保护局实地采访获得相关数据，以小组为单位在网上收集资料了解当下从国家层面减少碳排放的措施，并整合信息进行交流分享，还有调查问卷的填写、碳足迹的计算。在这些实践活动中，学生获得了真实的体验，在活动中明白了减少二氧化碳排放的重要性。情境的创设必须承载社会责任的落实，导向立德树人、五育并举，将学到的知识、能力和态度迁移到日常生活中。这些经过学生调查获取的资料又可以以课时情境的方式呈现在课堂中，既铺垫了课堂概念的学习，也激发了学生的学习热情。

2. 任务驱动，在合作探究中发展科学思维。

本课时以学生熟悉的平湖市气候变化为切入点，激发学生的学习兴趣。在任务1中学生基于问题串层层递进，深入思考，结合生态系统的稳态调节原理，在问题驱动中建构概念。本任务的评价"分析平湖市气温变化的原因"充分考查了学生的知识迁移能力。在任务2中学生结合当下热点碳达峰、碳中和相关资料构建曲线模型，训练了科学思维。在任务3中学生自主分析酸雨、荒漠化、臭氧缺失的原因、危害和相应的解决措施,提高了信息整合归纳的能力。3个任务层层递进,学生在任务驱动下自主学习、合作探究、交流分享,充分发挥了主观能动性。

3. 改进建议。

一是教师课堂组织能力和捕捉生成性资源的敏感性有待提高。在师生、生生交流对话时,在思维融合、思想碰撞和合作探究的过程中会生成新情境、新思维,而这些问题的生成都是即兴的、随机的。从实际教学情况来看,教师留给学生思考、表达的时间不够。教师在一些讨论环节中可以捕捉一些生成性问题,进而让学生讨论,进一步的思维碰撞能够使课堂更加丰满。二是评价方式和评价标准建议优化。教师想知道学生是否达到了预期的教学目标,就需要一系列的评价方式和评价标准来有效、客观地评估学生的掌握情况。本课时中教师创造了一些学习和评价的机会让学生自主学习和合作学习,建议教师在这之后安排更多的生生评价,让学生在切磋和合作中修正原有观点、转变观念进而建构概念。

(本课时由浙江省平湖中学汪敏杰老师设计和执教)

课时4 保护生物多样性对于人类意义重大

课堂实录

(一) 课时概念解析

本课时的概念为"生物多样性对维持生态系统的稳定性以及人类生存和发展有着重要意义",该概念的建构需要以下基本概念或证据的支持:

1. 人类活动使生物多样性锐减。
2. 保护生物多样性意义重大。
3. 保护生物多样性需要采取适当的措施。

(二) 课堂实录

教学环节	课 堂 实 录	专业点评
对接单元情境,提出核心问题	情境 通过本单元前3个课时的学习,同学们了解了人口激增导致了全球性环境问题,此外,人口激增和人类活动还会导致生物多样性的锐减。 核心问题 如何理解保护生物多样性对人类生存和可持续发展的意义?	在单元情境下,教师承接人口激增与人类活动的主题,衍生关联次位概念的课时情境。

续表

教学环节	课 堂 实 录	专业点评
任务1: 说一说人类活动导致生物多样性锐减的原因	**教师提问** ① 生物多样性包括哪三个层次？ ② 人类活动为什么会导致生物多样性锐减？ **学生活动** ① 阅读教科书，说出生物多样性的三个层次，概括人类活动导致生物多样性锐减的三个主要原因。 ② 以小组为单位，事先调查当地生态环境问题，收集生物多样性被破坏的实例，在课堂上用实例说明生物多样性锐减的原因。 ③ 针对人类活动对栖息地的破坏导致栖息地消失、退化、片段化，对生物资源的过度开发，外来物种入侵这3个因素，小组逐一抽签，每个小组介绍对应的实例。 **评价任务** 针对收集到的发生在平湖市的破坏生物多样性的实例，我们怎样减少类似事件再次发生或减弱其危害？ **学生活动** 针对性地发表自己的观点。	学生通过收集身边的实例，感受到生物多样性保护和日常行为息息相关，从而提高了社会责任感。 但在任务实践的过程中，教师对学生的发言急于做出评价，没有很好地调动、组织生生互评，未能充分体现以学生为主体的教学理念。
任务2: 探讨保护生物多样性的意义	**呈现资料** 实例1：对平湖市九龙山部分生物多样性进行调查后绘制的部分食物网（图4-11）。 松树 → 松毛虫 → 蜘蛛 → 灰雀 → 狸 云杉 ↗ 松鼠 某种草 → 鼠 → 猫头鹰 图4-11 平湖市九龙山部分食物网 1982年，科学家在南京市中山陵首次发现松材线虫，之后松材线虫相继在江苏省、安徽省、广东省和浙江省等地成灾，也几乎毁灭了在香港地区广泛分布的马尾松林。被松材线虫感染后的松树，针叶呈黄褐色或红褐色、萎蔫下垂，树脂分泌停止，在树干上可观察到天牛侵入孔或产卵的痕迹，病树整株干枯死亡，木材蓝变。松材线虫严重威胁用材林。平湖市每年组织工作人员给九龙山松树打孔注药，防治松材线虫病危害。2019年成功拔除疫点。 **教师提问** 从保护生物多样性意义的角度分析，为什么要保护九龙山的松树？ **学生活动** 小组探讨，归纳总结： ① 松树如果毁灭，会影响九龙山森林生态系统的结构稳定性，使整个生态平衡即稳态遭到破坏。 ② 影响该生态系统水土保持和净化空气的功能。 **呈现资料** 实例2：黄花蒿在我国境内非常见，不认识它的以为就是一种常见的杂草，但实际上它是有久远应用历史的中药材，我国科学家屠呦呦从黄花蒿中提取了治疗疟疾的药物青蒿素。平湖市也有一种传统优质中药材——杜瓜子。据《本草纲目》记载，杜瓜子具有清肺、化痰、散结、润肠等功效。	选取的资料贴近学生生活实际，通过材料分析、阐述和解释，学生感知了保护生物多样性的意义，借助"生态系统结构稳定性"前知，建立"保护生物多样性的意义"新知。 本环节学生思考时间略少，建议教师提供学生更多的思考时间，以进一步培养和发展学生的科学思维。

续表

教学环节	课 堂 实 录	专业点评
任务2：探讨保护生物多样性的意义	**教师提问** 从保护生物多样性意义的角度分析，政府为什么大力提倡种植并宣传、推广杜瓜子？ **学生活动** 小组探讨，归纳总结：杜瓜子有食用价值和医学研究价值。 **评价任务** 结合实例总结保护生物多样性的重要意义。 **教师总结** 一方面生物多样性使生态系统更加稳定，如果一个物种灭绝，则会影响其他物种的生存，甚至影响所在群落的演替方向；另一方面，对人类而言，每一个物种都有其间接或直接的使用价值。	
任务3：探讨保护生物多样性的措施	**过渡** 生物多样性的保护仅仅依靠不随意捕杀还不够，还需要国家层面采取科学、有效的保护措施。 **学生活动** 阅读教科书，说出保护生物多样性需要采取的适当措施，主要包括就地保护、迁地保护、建立种子库和基因资源库、恢复退化的生态系统4个方面。 **呈现资料** 云南省是我国生物多样性最为丰富的地区，保存着许多珍稀、特有和古老的类群，是生物多样性重要类群分布最为集中，具有全球意义的生物多样性关键地区之一。2021年10月，在云南省昆明市召开了《生物多样性公约》第十五次缔约方大会，《云南密码》是其相关的一部宣传片。 播放《云南密码》中的部分片段。 **学生活动** 从视频中寻找、分析与就地保护、迁地保护、建立种子库和基因资源库、恢复退化的生态系统这4个保护措施相对应的实例。 **评价任务** 判定九龙山国家森林公园和拟建的王盘山海洋公园各属于哪一种保护措施。	学生通过观看生物多样性保护案例的视频，在真实情境中增加了对保护措施的了解，感受了保护措施的多样性，再结合当地实例判断保护措施的合理性，发展了批判性思维。
概念应用，交流评价	**评价** 立足特定情境提出相关评价性问题，引发学生的思辨迁移： 关联情境：判定九龙山国家森林公园和拟建的王盘山海洋公园各属于哪一种保护措施。 评价意图：在初步了解保护生物多样性的4个措施后，结合具体实例，判断保护措施的合理性，同时也促进了学生对家乡自然环境的了解和热爱。	关联情境的评价有助于学生分析和解决问题，形成生态观和系统观。
课堂小结	**教师提问** 保护生物多样性，高中生可以做些什么？ **学生活动** 结合现实生活，具体说明保护生物多样性的行为。 **教师总结** 通过本课时的学习，我们真正理解了保护生物多样性的意义，认识了如何从自己做起保护生物多样性，维持人类与环境的和谐。	学生对生物多样性保护提出合理的建议和行动计划，树立了从事生物多样性保护相关工作的志向。

续表

教学环节	课 堂 实 录	专业点评
板书设计	本课时的板书设计如图 4-12 所示。 课时 4　保护生物多样性对于人类意义重大 1. 人类活动导致生物多样性锐减的原因 2. 保护生物多样性的重要意义 　① 维持生态系统结构稳定 　② 对人类的价值 　　直接使用价值：食物、医药、建材等 　　间接使用价值：水土保持、净化环境等 3. 保护生物多样性的措施 图 4-12　本课时的板书设计	

（三）教学反思

本课时的亮点主要体现在两个方面：一是注重身边生物多样性保护实例的收集。本课时基于学生生活实际，通过案例调查、小组讨论、个体实践等方式，有效促进了学生对概念的理解和内化，这也是落实新课程理念的重要路径。我布置相关任务驱动学生在课前收集平湖市生物多样性被破坏的实例，让学生形成更直观、真切的感受，为渗透"保护生物多样性"的社会责任做好铺垫。在学习保护生物多样性意义的过程中，我利用平湖市防治九龙山松材线虫的实例和平湖市倡导种植非遗产品杜瓜子的实例，引导学生分析生物多样性对大自然、对人类的重要作用。丰富多彩的真实情境可以帮助学生更好地理解和应用生物学知识。在归纳总结生物多样性保护措施的评价环节，我提供了拟建的王盘山海洋公园资料，让学生判断保护措施的合理性，感受政府在生态建设方面所做的努力和贡献，以充分实现学生情感态度价值观的发展。二是注重发展学生生态调查、实地取证、信息获取、资料整理等科学探究能力。学生以小组为单位，在课前调查收集生物多样性保护实例，整理成影像资料，并在课堂上进行交流和分享。在收集资料的过程中，学生通过多样化的形式和渠道有效发展了科学探究能力。此外，我围绕课时概念设计了深浅不一的分层任务，多角度推进了学生的学习进程，关注了学生的知识应用能力发展，也促进学生形成保护生物多样性责任意识。

本课时存在的不足之处：一是课堂上缺乏激发学生深层次思考、争论的设问，并且学生合作交流有所欠缺且缺少相应的评价。如在完成任务 1 后，我急于对学生的发言做出评价，没有充分展开生生评价。生生评价是培养批判性思维与创新思维这类高阶思维的重要环节。在完成任务1以后，我可以尝试设问"城市化对生物多样性有没有影响"，来帮助学生基于自身所处城市的特点，小组讨论推出城市化发展引发的栖息地被破坏、环境污染等破坏生物多样性的现象，从而深层次思考人与环境的关系。二是我对学生展示的实例没有及时地做出正确的评价等。

（四）总体评析

本课时基于"如何理解保护生物多样性对人类生存和可持续发展的意义"这一问题情境展开，教师将这一问题情境拆分成一系列问题，并设计相应的任务引导学生结合身边实例，运用比较与归纳、类比与推理的方法深入学习，有效达成了学习目标，发展了学生的生物学核心素养。本课时的教学设计和课堂实施表现出以下特点：

1. 紧密联系真实案例，聚焦课时概念的理解。

在本课时学习活动中，教师通过引用丰富的生物多样性保护案例，激发了学生学习生物学的兴趣，促进了学生对知识的理解和记忆；通过目标引领，驱动学生课前调查、收集众多真实案例，感受到生物多样性保护不是只停留在教科书上，也不只是局限于那些经典的、遥不可及的案例中，而是与自己的生活息息相关，再引导学生把探索的目光投向社会和生活，从而深化其对课时概念的理解。教师在概念教学中让学生体验学习的成就感，进一步发展了社会责任意识。

2. 立足真实情境，实现概念迁移和应用。

通过本课时的学习，学生能够基于对生物多样性保护对人类意义重大的认识，对社会上破坏生物多样性的事例做出合理的判断，并进行理性解释，也可以向他人宣传科学的观念和知识，成为健康中国的促进者和实践者。教师通过让学生感受到生物多样性保护需要依靠国家、科研人员和公众的努力，需要联合多学科的综合研究，在学生的心中播下了保护生物多样性意识的种子。

3. 关注评价目标的达成，提升社会责任感。

从单元学习目标达成角度分析，教师从多个维度呈现了经典案例。本课时以生物多样性保护为主线展开，围绕九龙山的生物保护、平湖市特产杜瓜子、王盘山海洋公园规划等丰富的资料，让学生观察、思考、生生互评，亲历具体生物多样性保护案例的探讨过程，实现了学生对生物多样性保护的重要性的深度认识。此外，教师对基于课时难点提出的问题串进行了分析和评价，对学生的思维矛盾点做了详细的梳理，这在一定程度上促进了学生社会责任感的培养。

4. 改进建议。

首先，在完成任务2后，建议教师让学生构建板书并适度展开生生评价。学生自主建构概念需要经历充分感知事实、自主思考体悟、深度分析交流、精准概括提炼和融通的拓展应用等环节。这一过程，可以有效培养学生的高阶思维，提升学生的课堂主体意识。在播放《云南密码》视频后，建议教师再增加一些经典实例以进入一个明确的评价环节，让学生判断每一个保护措施的类别。建议教师在课堂上多注重生生评价，强调学生的学习主体性，更好地引导学生认识和建构次位概念，树立和发展正确的情感态度价值观。

（本课时由浙江省平湖市新华爱心高级中学吴维菊老师设计和执教）

课时5 可持续发展是人类生存发展的必然选择

课堂实录

（一）课时概念解析

本课时的概念为"形成'环境保护需要从我做起'的意识"，该概念的建构需要以下基本概念或证据的支持：

1. 可持续发展是解决环境问题的必然选择。
2. 保护环境需要从我做起。

（二）课堂实录

教学环节	教学过程	专业点评
对接单元情境，提出核心问题	**创设情境** 回顾暑期社会实践"参观垃圾分类站"的活动，呈现课前完成的关于生活垃圾的问卷调查数据（表4-5），师生分析后共同得出在日常生活中纸类消耗比较多的结论。 表4-5 生活垃圾问卷调查数据汇总表 	生活垃圾分类		第一天	第二天	第三天
---	---	---	---	---
纸类	食品包装纸/张	36	48	33
	草稿纸/张	28	40	39
	餐巾纸/张	272	276	292
	纸质饮料盒/盒	13	10	10
塑料类	装食物的塑料袋/个	37	20	33
	装物品的塑料袋/个	11	7	9
	饮料塑料瓶/个	17	12	12
金属类	装可乐的易拉罐等/个	1	3	5		通过社会实践活动以及课前记录的三天废弃物数量，学生反思如何从自身角度减少物质消耗，并思考本课时的核心问题。

续表

教学环节	教学过程				专业点评

教学环节	教学过程				专业点评
对接单元情境,提出核心问题	续表				
	生活垃圾分类		第一天	第二天	第三天	
	厨房垃圾	水果皮等/克	209	221	210	
		剩饭、剩菜等/克	1050	805	1020	
	其他	笔芯/根	5	4	1	
		废电池/节	0	0	0	
		一次性筷子/双	3	2	3	
		其余可补充	药品壳：1 便笺纸：3 玻璃瓶：1 糖果包装纸：2	笔壳：1	便笺纸：4 食物包装盒：1	
	核心问题 如何协调人类与环境的关系，使得平湖市能够可持续发展？					
任务1：阐述可持续发展的含义和基本原则	**教师提问** 纸类是利用森林中的树木制成的，那森林是属于哪类自然资源？请根据教科书第110页内容对自然资源进行分类。 **学生活动** 阅读教科书后回答：自然资源包括不可枯竭资源和可枯竭资源。可枯竭资源根据能否自我更新分为可更新自然资源和非更新自然资源。 **呈现资料** 照片：嘉兴市火力发电厂、东湖鸟岛、独山港海上风电场、平湖市人才市场、九龙山国家森林公园。 **学生活动** 对上述照片中隐含的自然资源进行分类。 **过渡** 森林资源是一类可枯竭的自然资源，但如果我们对其进行科学管理和合理利用，就能做到取之不尽，用之不竭。那我国森林资源的现状是怎样的呢？ **呈现资料** 我国森林资源的现状。 **学生活动** 阅读资料，分析森林资源的现状，发现我国森林资源面临总量不足、覆盖率低、分布不均等问题。 **过渡** 森林资源不足，很多环境问题都会接踵而至，比如温室效应、土地荒漠化、生物多样性减少等。我们应该怎样协调经济发展与资源短缺、环境保护之间的矛盾呢？ **引导** ① 请阅读教科书第111页的内容，谈一谈你对可持续发展的理解。 ② 请简要分析教科书课外读"塞罕坝的可持续发展"是否体现了可持续发展的3个原则。					教师从珍惜自然资源的角度培养学生的社会责任感。此外，教师剖析了经济发展和开发自然资源的矛盾，指出解决该矛盾必须坚持可持续发展的理论。

续表

教学环节	教 学 过 程	专业点评
任务1：阐述可持续发展的含义和基本原则	学生活动 ① 阅读教科书，小组讨论回答： 经济的可持续发展是主导，生态的可持续发展是基础，社会的可持续发展是根本目的。经济可为生态提供资金和技术，生态可为社会的发展提供适宜的生存环境，社会得到发展，就会进一步促进经济和生态的发展。 ② 结合教科书"课外读"材料，小组讨论资料所体现或违背的是可持续发展的哪一原则，并由代表发言。 教师提问　那究竟什么是可持续发展呢？ 学生回答 学生1：我们以及我们的后代要保持资源的稳定。 学生2：在环境可承受的范围内，合理利用资源，还要考虑不牺牲后代的利益。 教师陈述　可持续发展就是既能满足当代人的需求，又对后代人满足其自身需求的能力不构成危害的发展方式。 请观看"垃圾分类站对厨余垃圾的处理"视频，将厨余垃圾做成堆肥或者酵素等产品是否符合可持续发展的理念？ 学生回答　观看视频，小组讨论后回答： 学生1：将废弃物制成堆肥或酵素，既可以解决环境问题，还能促进经济和社会的发展，符合系统性原则；对资源进行二次利用，符合持续性原则。 学生2：将腐烂的水果做成酵素或堆肥等产品，再将这些产品出售，可增加当地的经济效益和社会效益。这样既发展了经济，又促进了生态的建设。	教师充分挖掘了教科书中的"课外读"资料。通过小组合作学习、生生互动和交流评价，学生在阐述可持续发展3个原则的基础上，深层次了解了可持续发展的内涵，最后聚焦"可持续发展"这一概念。 垃圾分类视频里的内容有些乱，视觉效果不是很好。建议教师选择更合适的资源。
任务2：说出身边有利于可持续发展的实例	教师提问　除了垃圾分类，请谈谈你认为自己做得比较好的、有利于可持续发展的行为。 学生活动　组间相互交流。学生分别从绿色出行、节约水电和粮食、减少使用一次性产品、菜篮子工程等角度阐述： 学生1：步行或者坐公交车上下学，减少碳排放。 学生2：用菜篮子购物，减少一次性制品的使用。 学生3：吃饭的时候尽量光盘，避免浪费粮食。节约用水用电，及时关闭电灯和水龙头。 学生4：在校园和教室里看到垃圾要及时捡起来，要为美丽校园做贡献。	这个活动呼应了本课时的核心问题，有助于评价学生是否形成"环境保护需要从我做起"的意识，培养学生的社会责任感。
任务3：完成平湖市生态建设的可持续发展报告	教师陈述　随着国家的发展，平湖市的发展也是日新月异，但平湖市在发展的同时可能也会出现一些问题。同学们对未来平湖市的可持续发展都提出了展望，接下来请同学们进行演讲，其他同学对他们的演讲进行评分。	学生所做的平湖市可持续发展报告体现了本单元学习目标的达成。围绕单元情境，从理论到实践，

续表

教学环节	教学过程	专业点评
任务3：完成平湖市生态建设的可持续发展报告	**学生演讲** 学生1：从政府的角度围绕平湖市人口、环境和生物多样性等方面展开交流。 学生2：从成年人的角度围绕平湖市人口、环境和生物多样性等方面展开交流。 学生3：从学生的角度围绕平湖市人口、环境和生物多样性等方面展开交流。 **师生归纳** 平湖市的可持续发展，从我做起。	教师引导学生从社会责任的角度思考人类与环境如何和谐发展，培养了学生的社会责任感。
概念应用，交流评价	**评价** 立足特定情境提出相关评价性问题，引发学生的思辨迁移： 关联情境：了解了不同小组的发言内容后，从生态学原理出发，我们还可以做些什么？ 评价意图：运用前面所学的生态系统稳态的原理，学生列举当今城市管理中一些符合可持续发展的做法，让可持续发展具体化，同时也考查了学生的知识迁移能力和知识运用能力，升华了"保护环境，从我做起"的思想。	教师用大量的生活事实引导学生探讨，使课堂更加具有趣味性、针对性和启发性。
课堂小结	**教师补充** 让我们重新审视"生活垃圾问卷调查数据汇总表"，我们应该从源头上减少垃圾的产生。首先，我们可以回收再利用塑料和纸张，另一方面就是减少不必要的消费，学会适度消费。 **学生反思** 如何从自身做起，减少生活垃圾的产生，从而减少自然资源的消耗，以此保护人类的生存环境，实现人类的可持续发展？ **教师总结** 随着人类的出现和人口的激增，人类活动在很大程度上改变了地球的环境，生态环境问题日益突出，如全球变暖、臭氧减少、酸雨、土地荒漠化、土壤及水体污染、生物多样性锐减等。可持续发展是人类解决这些问题的必然选择。	课堂小结重新回归课时情境，但教师没有让学生进行总结，这是本课时的不足之处。建议课后让学生讨论当前新冠疫情下一次性口罩的再利用问题。
板书设计	本课时的板书设计如图4-13所示。 课时5　可持续发展是人类的必然选择 一、可持续发展的含义 　　　　　经济 　　　　／　＼ 　　　良性循环 　　／　　　　＼ 　社会　←──　生态 二、可持续发展的原则 　　　　公平性原则 　　　｛持续性原则 　　　　系统性原则 三、保护环境，从我做起 图4-13　本课时的板书设计	

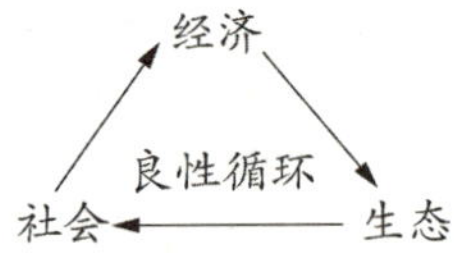

（三）教学反思

本课时的亮点主要体现在两个方面：一是注重社会责任的落实。通过调查、探索环境现状，学生意识到环境问题的严重性，从而提升环保意识，更重要的是学生能够自觉地参与到保护环境的行列中，在日常生活中能从自己做起、从身边做起，提升社会责任感。通过暑期社会实践活动，学生对当地的垃圾分类情况有了初步的了解，完成关于生活垃圾的问卷调查等。这些活动有助于学生形成生态意识，在面对人口激增、环境污染和生物多样性锐减等问题时，能通过讨论、小组合作完成该地区的可持续发展报告，尝试解决生产生活中的问题，并从政府、学生和成年人的角度主动宣传"可持续发展需要我们共同努力"的观念。二是紧密联系生活。课程标准中强调学生要在现实生活的背景中学习生物学，在解决实际问题的过程中深入理解生物学核心概念，并能运用生物学原理和方法参与公众事务的讨论或做出相关的个人决策。因此，在精选教学内容时，教师要重视核心概念，要多应用生活化情境。本课时教学内容的组织避免了注入式的叙述，知识的呈现是以大量的事实和社会生产、个人生活等实际案例为依据，有效地激发了学生的学习兴趣，也有利于培养学生获取新知识的能力。

本课时存在的不足之处：一是本课时结束部分略显仓促。我可以尝试根据新冠肺炎疫情设计一道课后思考题：在当今疫情下，口罩是我们去公共场所的必备品，殊不知口罩也是一种新型的污染物。那口罩污染该如何解决呢？利用这个问题激发学生的发散性思维，从如何合理利用废弃资源来思考人类的可持续发展，从而使学生的核心素养能真正发展；也可以引导学生思考可持续发展与科学技术的关系，为生物技术与工程的学习做好铺垫。二是尽管较多的学生参与了课堂的讨论，但讨论的质量、思维的深度均有待加强和提高。任务3中学生上台演讲时留给生生评价的时间略少，生生互评还需加强。

（四）总体评析

学生通过前面4个课时的学习已经了解了当下的全球环境问题。本课时聚焦可持续发展的理念，尝试提出相应的对策和建议，着重提高学生的社会责任感。本课时的教学设计和课堂实施表现出以下特点：

1. 创设情境，关注社会责任核心素养。

人类与自然的和谐发展是社会可持续发展的必要条件。然而，社会的发展以及人口的增加，给生态环境保持稳定带来了巨大的压力，提高人们的环境保护意识，必须从加强环境教育开始。生物与环境是一个密不可分的整体，在高中生物学中渗透环境教育，能够提高学生的环保意识，树立人与自然和谐相处的生命观念。本课时借助生活垃圾问卷调查，引出自然资源的分类、可持续发展的含义和原则，有助于学生形成环境保护需要从我做起的意识。最后回扣单元情境，学生从政府、成年人、学生三个角度围绕人口、环境和生物多样性等方面尝试提出合理建议，并达成一致观点。

2. 注重实践，理论联系实际。

课程标准明确指出生物学学科核心素养是学生在生物学课程学习过程中逐渐发展起来的，在解决真实情境中的实际问题时所表现的价值观、必备品格与关键能力，是学生知识、能力、情感态度与价值观的综合体现。学生在课前参观了当地的垃圾分类站，对垃圾分类的好处有了更深入的认识；学生记录每天生活垃圾的种类和数量并进行分析，有助于形成了环保意识。

3. 改进建议。

本课时在具体实施过程中也存在一些不足，主要表现在教师的情感渲染不充分上。如何以本单元知识为载体，加强对学生情感态度价值观方面的教育，提高学生的环境保护意识，树立可持续发展的观念？这是值得认真研究的问题。若在本课时的最后让学生观看一段唯美的视频，给学生以美的享受，学生就会在获得美感的同时对人与自然的和谐产生向往，就能引发美好未来需要每一个人共同努力的情感。这样，本课时将会更加圆满。

（本课时由浙江省平湖市新华爱心高级中学柯小红老师设计和执教）

主要参考文献

[1] 周初霞.聚焦重要概念的生物学单元教学理论与实践[M].杭州：浙江科学技术出版社，2021.

[2] 刘恩山.中学生物学教学论：第3版[M].北京：高等教育出版社，2021.

[3] 刘恩山，曹保义.普通高中生物学课程标准（2017年版2020年修订）解读[M].北京：高等教育出版社，2020.

[4] 刘恩山，汪忠.普通高中生物课程标准（实验）解读[M].南京：江苏教育出版社，2004.

[5] 吴成军.生物学学科核心素养的教学与评价[M].上海：华东师范大学出版社，2020.

[6] 刘月霞，郭华.深度学习：走向核心素养[M].北京：教育科学出版社，2018.

[7] 浙江省教育厅教研室.浙江省普通高中学科教学指导意见[M].杭州：浙江教育出版社，2021.

[8] 王健，等.基于学生核心素养的生物学科能力研究[M].北京：北京师范大学出版社，2020：210.

[9] 格兰特·威金斯，杰伊·麦克泰格.追求理解的教学设计：第二版[M].上海：华东师范大学出版社，2017.

[10] 朱恩林.中国东亚飞蝗发生与治理[M].北京：中国农业出版社，2004.

[11] 周初霞，王红梅，李艳华.生物学单元整体教学中境脉架构模式的实践探索[J].生物学教学，2021（7）：29-31.

[12] 周初霞."五构概念"教学法在生物学单元整体教学中的实践研究[J].生物学教学，2021（5）：5-7.

[13] 周初霞.聚焦生物学重要概念的单元整体教学设计实践研究[J].生物学教学，2019，（4）：7-10.

[14] 周初霞.指向素养、聚焦概念的课程内容及特点解读——以"生物与环境"模块为例[J].中学生物教学，2019（4）：20-22.

[15] 尤其儆，陆温，廖皓年.我国东亚飞蝗发生及防治概况简述[J].广西植保，2003（1）：23-25.

［16］刘志斌，郑哲民，王青川．东亚飞蝗与亚洲飞蝗的主成分及判别式分析［J］．生物多样性，1997（1）：67-71．

［17］杨美玲．东亚飞蝗对有机磷杀虫剂的抗性及其机理研究［D］．太原：山西大学，2008：6-7．

［18］张志祥，王颖，莫飞，等．果蝇种群增长实验的相关问题探讨与分析［J］．中学生物教学，2020（1）：54-56．

［19］秦兴虎，吴惠惠，黄训兵，等．内蒙古典型草原蝗虫群落结构和生态位研究［J］．植物保护，2015，41（5）：17-25．

［20］王占军，蒋齐，潘占兵，等．宁夏毛乌素沙地退化草原恢复演替过程中物种多样性与生产力的变化［J］．草业科学，2005，22（4）：5-8．

［21］潘明凤．基于生物学学科核心素养的概念教学实践——以"光合作用的过程"为例［J］．中学生物，2019（2）：8-9．

［22］姚宏仁．阿拉斯加的冰川公园［J］．自然与科技，2013（1）：52-55．

［23］张志祥、王颖、赵沛荣．" 目标—情境—问题—活动—评价"教学模式的实践与应用——以"探究细胞膜的结构"为例［J］．中学生物教学，2019（12）：21-23．

［24］李遂梅．基于社会责任视角的中学生物教学［J］．中学生物教学，2016（15）：67-68．

［25］张旭，毕诗秀．"生态系统的稳态"中核心概念梳理及案例分析［J］．生物学通报，2017，52（2）：41．

［26］杨梅．生物多样性教育的重要性［J］．中学生物教学，2021（18）：4-6．

［27］周兵，王笑笑，付雪萍，等．在高中生物学教学中渗透环境教育的切入点［J］．生物学教学，2019，44（7）：69-70．

［28］操明权．基于核心素养的高中生物学生活化教学策略［J］．生物学教学，2017，42（3）：34-35．

［29］唐晓春．精导妙演·动之以情·导之以行——"人与环境"一章的教材分析和教学建议［J］．中学生物教学，2010（1），9-11．

［30］王愉鑫、周密、洪剑．学生自主深度构建生物学概念的学习模型探析［J］．中学生物教学，2018（6）：18-20．

［31］蒋艳萍，章家恩，朱可峰．稻田养鱼的生态效应研究进展［J］．仲恺农业技术学院学报，2007，20（4）：71-75．

［32］何克抗．构建主义——革新传统教学的理论基础：中［J］．电化教育研究，1997（4）：25-27．

［33］张金姣．系统分析法在PLC技术教学中的应用［J］．职业教育研究，2009（2）：84-85．

［34］王玲燕．情境教学法在高中生物课堂上的运用［J］．学周刊，2021（19）：47-48．